Gouvernance non intrusive des données

Le chemin de la moindre résistance et du plus grand succès

première édition

Robert S. Seiner

Publié par:

115 Linda Vista
Sedona, AZ 86336 USA
http://www.TechnicsPub.com

Conception de la couverture : Mark Brye
Traducteur : Michel Hébert M.G.L., CDMP

© 2014 par Robert S. Seiner

ISBN, éd. imprimée.   9781634629966
ISBN, éd. Kindle   9781634629973
ISBN, éd. ePub   9781634629980

Première impression 2014

Library of Congress Control Number: 2022936568

Table des matières

CHAPITRE 11 OUTILS DE GOUVERNANCE DES DONNÉES – MATRICE DES DONNÉES COMMUNES 121

CHAPITRE 12 OUTILS DE GOUVERNANCE DES DONNÉES – MATRICE DES ACTIVITÉS 131

CHAPITRE 13 OUTILS DE GOUVERNANCE DES DONNÉES – MATRICE DES COMMUNICATIONS 141

CHAPITRE 14 LA FIN N'EST QUE LE DÉBUT 149

INDEX 159

Remerciements

Il m'a fallu beaucoup de temps pour écrire ce livre. Pas dans le sens de la durée du processus, mais plutôt du délai écoulé depuis que l'idée a germé dans ma tête. Au fil des ans, de nombreuses personnes m'ont encouragé à écrire un ou plusieurs livres, et j'ai toujours pensé que ma publication, *The Data Administration Newsletter* (TDAN.com), me procure suffisamment d'occasions d'exprimer mes opinions et mes réflexions sur la façon d'aborder les questions d'administration et gestion des données, de gestion des métadonnées, de gestion des connaissances, de l'intendance et de la gouvernance des données, et plus particulièrement de la gouvernance non intrusive des données.

J'ai de nombreuses personnes à remercier pour, eh bien, tout. Tout d'abord, je tiens à remercier mon épouse, Cheryl, qui m'a soutenu dans toutes mes entreprises ou aventures au fil des ans. Je tiens également à remercier mes filles, Erin et Mandy, qui sont devenues des personnes sympathiques, bonnes et parfois difficiles. Hum, je me demande d'où elles tiennent cela ?

Ma femme et mes filles semblent comprendre quand je m'enferme dans mon bureau pendant des heures pour faire ce que je fais, même si elles ne sont pas certaines de savoir vraiment ce que je fais. Elles savent que je fais du « PowerPoint pour vivre » (volé à John Ladley il y a de nombreuses années). Elles savent que cela a quelque chose à voir avec la « gestion des données ». Elles savent que je voyage au bout du monde (ok, pas vraiment) pour aider les organisations à mieux gérer leurs données et leurs informations. Et c'est tout.

Je tiens à remercier mes parents. Qu'ils reposent en paix sachant qu'ils m'ont élevé de telle manière que je les vois dans pratiquement tout ce que je fais et dis. Mon père m'a appris à être préparé et à être fort. Ma mère m'a appris à être ferme mais aimable en même temps. Je pense que cela résume qui je suis.

Je tiens à remercier mes frères, Henry et David, ma sœur, Harriet Ann, et leurs familles pour avoir toujours été là pour nous soutenir, moi et les autres, alors que nous avons traversé de nombreux moments merveilleux ainsi que notre part de crises. Je n'aurais pas pu demander une meilleure famille, y compris tous ceux qui figurent dans les paragraphes ci-dessus, et je voulais vous remercier publiquement ici.

J'ai une dette envers plusieurs personnes clés qui m'ont aidé tout au long de mon parcours, que ce soit par leurs bons conseils, l'opportunité de me faire connaître, le fait d'être un bon ami ou de contribuer à faire avancer la gouvernance des données. Ces personnes sont, sans ordre d'importance, Craig Mullins, Tony Shaw et toutes les personnes fantastiques de DATAVERSITY, Jean Schauer anciennement au BeyeNETWORK, Davida Berger, Gwen Thomas et Joe Maggi. Cette liste d'amis et de collègues est en constante évolution. J'espère et je m'attends à ce que vous sachiez qui vous êtes.

Je tiens à remercier mes clients de m'avoir fait confiance, ainsi que les lecteurs de mes publications et les participants à mes présentations et webinaires pour leur attention, leur inspiration et leurs mots sympathiques au fil des ans.

Je tiens à remercier les auteurs qui ont contribué à *The Data Administration Newsletter* au fil des ans. Ils sont trop nombreux pour être cités un par un. J'en citerai quelques-uns qui ne seraient pas mentionnés sinon : Mike Gorman, Dave Hay, Barb von Halle, John Zachman, Ron Ross, Joe Celko, Daragh O'Brien et Larry Burns. À vous et tous les autres, je vous remercie d'avoir fourni aux lecteurs de TDAN.com des informations, des conseils et des expériences formidables au fil des ans. Je remercie également les abonnés et les lecteurs de TDAN.com, qui sont à l'origine de cette publication.

Je tiens tout particulièrement à remercier Hank Walshak pour son aide dans la compilation, l'édition, les ajouts, les suppressions et les reformulations (afin que le texte ait un sens), ainsi que pour sa gestion globale du projet de ce livre. Et Joyce Kane pour ses conseils et ses taquineries. Et bien sûr, je remercie Steve Hoberman, mon éditeur, pour ses encouragements et son soutien dans la mise en place de ce livre et pour m'avoir poussé à terminer ce livre.

Et enfin, si vous avez acheté ce livre, je vous remercie d'avoir fait entrer cette œuvre d'art dans votre vie. J'espère sincèrement qu'au cours de votre voyage à travers ces pages, vous trouverez de nombreuses choses qui vous seront bénéfiques alors que vous poursuivez l'élaboration et la mise en œuvre d'un programme réussi de gouvernance de données non intrusive.

Plusieurs tentent d'obtenir un soutien pour les activités officielles de gouvernance des données en exprimant la valeur que la gouvernance des données peut apporter à leur organisation. Bien que cela soit important – et doit être différent pour chaque organisation – d'autres considérations connexes entrent en jeu par rapport à la gouvernance des données.

Par exemple, considérez ce que votre organisation ne peut pas faire parce que les données de vos systèmes, bases de données et ressources, accumulées au fil des ans, ne sont pas adaptées à ce que vous aimeriez faire. Cette question – savoir ce que votre organisation ne peut pas faire – est délicate à poser, et les réponses que vous recevrez pourraient vous surprendre.

Voici quelques réponses auxquelles vous pouvez vous attendre : Nous ne pouvons pas comparer les coûts entre les régions. Nous ne pouvons pas suivre les progrès des élèves et voir où ils peuvent être à risque. Nous ne pouvons pas maximiser la position des produits dans le magasin. Nous ne pouvons pas faire correspondre les registres d'une personne à travers ses points de contact avec notre organisation. Nous ne pouvons pas appliquer les ressources de la manière la plus rentable. Nous ne pouvons pas maximiser nos capacités de prise de décision sur la base des données dont nous disposons.

Toutes ces réponses *ne pouvons pas* peuvent entraver la croissance et la prospérité d'une organisation. Les données sont au cœur de ces préoccupations. Et gouverner les données avec une approche formelle non intrusive qui est adaptée à la culture d'une organisation peut être quelque chose à considérer. Je me concentre sur l'approche de gouvernance non intrusive des données (*Non-Invasive Data Governance*™) depuis de nombreuses années. C'est l'objet de ce livre.

Ce livre présente une approche totalement nouvelle pour vendre la gouvernance des données à votre organisation afin que la haute direction autorise la définition, l'implémentation et l'administration d'un tel programme.

J'ai écrit sur la mise en place des composants nécessaires à la gouvernance des données afin que vous puissiez instaurer une gouvernance des données réussie et durable dans votre organisation.

Deux questions sont généralement posées par les personnes qui défendent la nécessité de la gouvernance des données dans leur organisation :

1. *Que faudra-t-il pour convaincre notre direction d'affecter des ressources, du temps et de l'argent à la mise en place et au fonctionnement d'un programme de gouvernance des données ?*

2. *Comment faire comprendre à la direction l'importance de la gouvernance des données ?*

Il n'existe pas de réponses simples à ces questions. Et ce livre n'a pas pour objectif d'essayer de répondre spécifiquement à ces questions pour votre organisation. Chaque organisation, à sa manière, établit des priorités dans la façon dont elle dépense ses ressources, son temps et son argent. Chaque organisation a sa propre façon de déterminer si la gouvernance des données est suffisamment importante et précieuse pour être poursuivie. Et chaque organisation a sa façon de prendre des décisions sur ce qui sera fait ou non.

Au lieu de cela, j'offre ces paroles de sagesse à travers ce livre pour vous aider à atteindre les objectifs que vous vous êtes fixés pour la gouvernance des données dans votre organisation avec l'espoir que vous considériez l'approche non intrusive comme une option. Un ensemble de messages clés pour la direction autour de la gouvernance non intrusive des données sont fournis dans la section suivante. Mais commençons par définir la « gouvernance des données ».

DÉFINITION DE LA GOUVERNANCE DES DONNÉES

Je définis la gouvernance des données de la manière suivante :

La gouvernance des données est l'exécution et
l'application formelles de l'autorité sur la
gestion des données et des actifs liés aux données.

La vérité est que certaines organisations avec lesquelles j'ai travaillé ont apprivoisé cette définition pour qu'elle ne soit pas aussi effrayante, dure ou directe. Elles ont élaboré des définitions plus conformes à ma définition de la gouvernance non intrusive des données. Par exemple :

Formaliser le comportement autour de la définition,
de la production et de l'utilisation des données
afin de gérer les risques et d'améliorer la qualité et
l'utilisabilité des données sélectionnées.

Formaliser et guider le comportement concernant
la définition, la production et l'utilisation de
l'information et des actifs informationnels.

Remarquez que les deux définitions commencent par « formaliser le comportement ». La formalisation du comportement et la redevabilité des personnes sont les deux principes de base de l'approche de gouvernance non intrusive des données. La formalisation du comportement suppose que la gouvernance des données est déjà en place informellement.

Pour rester non intrusive, les organisations doivent :

- Identifier les personnes qui, de manière informelle, ont déjà un niveau de redevabilité pour les données qu'elles définissent, produisent et utilisent pour accomplir leur travail. Pour ce faire, une organisation doit d'abord concevoir un modèle opérationnel de gouvernance des données, composé de rôles et de responsabilités, qui s'aligne sur le mode de fonctionnement actuel de l'organisation. Un modèle opérationnel réussi n'exige pas d'insérer vos composants organisationnels dans son modèle. Un modèle opérationnel réussi vous permet de superposer son cadre aux composants organisationnels existants. Vous trouverez des informations détaillées sur la création d'un modèle opérationnel des rôles et responsabilités au chapitre 6.

- Identifiez et régissez les voies d'escalade et les capacités décisionnelles existantes d'un point de vue positif – comment et pourquoi elles fonctionnent – et négatif – pourquoi elles ne fonctionnent pas toujours – puis tirez parti de ce qui fonctionne tout en abordant les possibilités d'amélioration.

- Reconnaissez les personnes pour ce qu'elles font avec les données et aidez-les à formaliser leurs comportements afin qu'ils bénéficient aux autres qui sont potentiellement impactés par leurs comportements. Souvent, les décisions prises dans le feu de l'action ou dans les opérations quotidiennes ont des conséquences positives et négatives pour les autres personnes tout au long du cycle de vie des données (définition, production, utilisation et reformulation).

En incluant le terme « gouvernance », la gouvernance des données nécessite l'administration de quelque chose. Dans ce cas, la gouvernance des données fait référence à l'administration, ou à la formalisation, de la discipline (comportement) autour de la gestion des données. Plutôt que de faire apparaître cette discipline comme menaçante et difficile, je suggère de suivre une approche de gouvernance non intrusive des données qui se concentre sur la formalisation de ce qui existe déjà et sur les possibilités d'amélioration.

MESSAGES POUR LA DIRECTION

La première réaction au terme « gouvernance des données » est souvent le dédain ou la peur. Le terme « gouvernance », comme « gouvernement », donne l'impression qu'un programme axé sur la gouvernance comprendra un certain nombre de lois ou de règles concernant les relations que les gens entretiennent avec les données. Lorsqu'on parle de relations avec les données, il s'agit simplement de définir, de produire et d'utiliser des données dans le cadre du travail habituel de chacun. Ainsi, si les gens s'attendent à ce que nous ajoutions des lois régissant leur relation aux données, leur première réaction sera probablement la crainte ou la méfiance par rapport à la valeur que la gouvernance des données ajoutera. Les gens peuvent même en conclure que la gouvernance des données interférera avec leurs responsabilités.

J'aimerais vous proposer deux séries de messages à utiliser lorsque vous partagez votre approche de la gouvernance des données dans l'espoir d'amener les gens à vous demander *comment* l'organisation peut réaliser la gouvernance des données – et, plus précisément, une approche de gouvernance non intrusive des données – plutôt que *pourquoi* la gouvernance des données est nécessaire.

APAISER LES INQUIÉTUDES À PROPOS DE LA GESTION DES DONNÉES

Si vous suivez l'approche de la gouvernance non intrusive des données, ou si vous souhaitez suivre cette approche, ces cinq messages sont essentiels pour la direction :

1. **Nous gouvernons déjà les données, mais nous le faisons de manière informelle.** Des personnes au sein de l'organisation sont déjà responsables des données. Vous devez faire l'inventaire de qui fait quoi avec les données et fournir un modèle opérationnel des rôles et des responsabilités qui convient le mieux à votre organisation. À un certain niveau, vous aurez besoin d'une personne ayant une vision et une responsabilité d'entreprise pour les données, qui transcende les silos de votre organisation et gère les données comme une ressource partagée. Ce sera notre plus grand défi, mais réalisable, car nous ne percevons pas naturellement les données comme une ressource partagée et à l'échelle de l'entreprise.

2. **Nous pouvons formaliser la façon dont nous gérons les données en mettant une structure autour de ce que nous faisons maintenant.** Les personnes de votre organisation occupent des rôles opérationnels, tactiques, stratégiques et de soutien autour des données. Nous devons savoir qui elles sont et mettre en place une structure formelle autour de qui est responsable, redevable, consulté et informé des règles métier et des réglementations associées aux données qu'elles définissent, produisent et utilisent.

3. **Nous pouvons améliorer notre gouvernance des données.** Nos efforts de gouvernance des données peuvent nous aider à améliorer la façon dont nous *gérons les risques* associés à la conformité, à la classification, à la sécurité et aux règles métier affectant nos données. Les personnes de notre organisation nous mettent potentiellement en

danger chaque jour lorsqu'elles ignorent les règles associées à leur traitement des données. Nos efforts pour *améliorer la qualité* des données doivent être coordonnés et coopérer entre les unités opérationnelles à l'aide de la structure formelle mentionnée ci-dessus. L'assurance qualité exige que le personnel opérationnel et tactique ait la capacité d'enregistrer, de suivre et de résoudre les problèmes connus de qualité des données. Notre organisation peut immédiatement améliorer la façon dont nous *échangeons* sur les données en consignant et en partageant les informations sur qui fait quoi avec les données.

4. **Nous n'avons pas à dépenser beaucoup d'argent pour la gouvernance des données.** La gouvernance des données ne doit pas nécessairement être une entreprise coûteuse. Selon l'approche que nous adoptons, la gouvernance des données peut ne coûter que le temps que nous y consacrons. La gouvernance des données exigera qu'une ou plusieurs personnes consacrent du temps à la définition et à l'administration du programme, mais une conception erronée répandue est que la gouvernance des données doit s'ajouter aux efforts de travail existants d'une organisation. Nous devrions éviter de parler de « processus de gouvernance des données », car cela donne l'impression que le comportement formel autour de la définition, de la production et de l'utilisation des données est la faute de la gouvernance des données plutôt que la colle garantissant la gestion correcte des données.

5. **Nous avons besoin de structure. Nous devons envisager l'approche de gouvernance non intrusive des données.** Nous devons suivre une approche éprouvée de la gouvernance des données qui ne menace pas les personnes de notre organisation qui participent au programme. La gouvernance des données exigera que les secteurs opérationnels et technologiques de l'organisation assument une redevabilité formelle et partagée sur la façon dont les données sont gérées. Les participants au programme de gouvernance des données ont déjà des emplois réguliers. Nous devons ajouter de la valeur et ne pas interférer avec ce qu'ils font dans leur travail. L'objectif de la gouvernance non intrusive des données est d'être transparente, d'apporter un soutien et de collaborer. Ces concepts sont au cœur de la mise en œuvre de l'approche de gouvernance non intrusive des données.

Les quatre premiers messages ci-dessus contribuent à détendre la nervosité de la direction et à l'aider à réaliser qu'il existe plusieurs façons de faire connaître la gouvernance des données au sein de votre organisation. À cet égard, il est important de se rappeler que dans la plupart des situations, les personnes sur votre lieu de travail croiront ce que vous leur dites, à condition que votre message les éduque et offre une perspective positive et nouvelle sur la gouvernance des données.

En plus de se concentrer sur la direction, cette deuxième série de messages clarifie le cœur de l'approche de la gouvernance non intrusive des données en soulignant la nature réellement non intrusive de l'approche. Permettez-moi d'introduire ces messages en racontant une histoire simple concernant une récente présentation que j'ai donnée.

Au début de cette présentation devant des passionnés de données provenant de dizaines d'entreprises et d'organisations, j'ai demandé aux participants de lever la main si leur organisation pratiquait la gouvernance des données. Environ la moitié des membres de l'auditoire ont levé la main.

Pour illustrer un point important, j'ai posé à nouveau la même question en disant : « Bon, cette fois, je veux que tout le monde lève la main quand je pose la même question. » J'ai posé la même question et tout le monde a levé la main. À la surprise de tous, j'ai dit : « Voilà, c'est mieux comme ça. » J'ai reçu quelques regards confus, mais à la fin de la session, les participants ont compris ce message important :

> *Toutes les organisations gouvernent déjà les données.*
> *Elles le font peut-être de manière informelle, parfois*
> *inefficace, souvent inefficiente, mais elles gouvernent*
> *déjà les données.*
> *Et elles peuvent toutes le faire mieux.*

Prenons l'exemple d'un entrepôt de données ou d'un environnement de gestion des données maîtres, car il est probable que vous en possédiez un ou plusieurs, que vous ayez participé à la création de l'un d'entre eux ou que vous en ayez au moins entendu parler si vous lisez ce livre.

Lorsque vous avez conçu votre entrepôt de données, une ou plusieurs personnes avaient la responsabilité de définir quelles données devaient être chargées dans l'entrepôt de données. Certains de ces individus avaient la responsabilité de produire des données par le biais d'un ou plusieurs processus d'extraction, de transformation et de chargement. D'autres personnes avaient la responsabilité d'utiliser les données de l'entrepôt aux fins prévues. Pour chacun des systèmes ou des ressources de données qui alimentaient l'entrepôt de données, quelqu'un était responsable de la définition, de la production et de l'utilisation de ces données. Les responsabilités abondent dans tout l'environnement de votre entrepôt de données.

Des décisions ont été, et sont toujours, prises autour de votre entrepôt de données; des problèmes ont été résolus, la sécurité a été appliquée, les métadonnées ont été mises à disposition et les données ont été exportées pour une utilisation individuelle. Tous ces événements se sont produits autour de l'entreposage de données et de l'informatique décisionnelle.

Il se peut que vous fassiez bien certaines de ces activités. D'autres activités doivent peut-être être améliorées. Ces occurrences représentent un microcosme du reste de la gouvernance des données existante de votre entreprise. Quelque part, d'une manière ou d'une autre, la gouvernance des données est en cours. Mais souvent, il n'existe pas de chose formelle appelée « gouvernance des données ». Pourtant, dans une large mesure, vous « exécutez et appliquez l'autorité sur la gestion des données et des ressources liées aux données », selon ma définition de la gouvernance des données.

Ne serait-il pas formidable de pouvoir structurer la façon dont nous gérons déjà nos données sans avoir à investir beaucoup d'argent et de ressources dans ce problème? La vérité est que vous le pouvez. Ce livre explique comment y parvenir en mettant en œuvre la gouvernance des données de manière non intrusive, en tirant parti des niveaux de gouvernance qui existent déjà dans votre organisation et en examinant les possibilités d'amélioration.

À première vue, la mise en œuvre d'un programme de gouvernance des données peut sembler être un énorme défi. C'est peut-être en partie vrai, car la gouvernance des données présente des défis. Les défis deviendront apparents en raison de la taille de l'organisation et de la complexité de ses activités, mais pas à cause de la gouvernance des données en soi.

QUE DIRE À LA DIRECTION

La prochaine série de messages vise à dissiper certaines des principales perceptions erronées qu'ont les responsables des organisations lorsqu'ils envisagent la gouvernance des données.

1. **Évitez de présenter la gouvernance des données comme un défi de taille.** Et si votre direction pense déjà que la gouvernance des données sera un défi majeur, essayez de la calmer en vous référant aux messages pour la direction de ce chapitre. La gouvernance des données peut être mise en œuvre d'une manière non menaçante, non intrusive, sans changement de culture, qui réduira les défis que les gens de votre entreprise peuvent rencontrer. La gouvernance des données ne doit pas nécessairement être mise en œuvre d'un seul coup. En fait, la plupart des organisations qui introduisent avec succès la gouvernance des données mettent en œuvre leur programme de manière progressive. Cela inclut la portée des données qui sont gouvernées au niveau des domaines et de l'organisation, ainsi que le niveau de gouvernance du comportement formel appliqué aux données.

2. **Soulignez que la gouvernance des données n'est pas une solution technique.** Il est probable qu'il existe une composante technique à votre programme de gouvernance des données. Mais il se peut qu'il n'y en ait pas. Le fait est que vous ne pouvez pas acheter un logiciel ou du matériel qui sera votre solution de gouvernance des données. De plus, des outils simples peuvent être développés en interne pour aider les organisations à gouverner les comportements des personnes par rapport aux données.

3. **Insistez sur le fait que ce sont les comportements des personnes, et non les données, qui sont gouvernés.** La gouvernance des données formalise le comportement des personnes pour la définition, la production et l'utilisation des données. L'accent est mis sur la formalisation des comportements des personnes, et non sur le comportement des données. Les données se comportent comme les personnes se comportent. La technologie peut vous aider à gouverner les comportements des personnes, mais les données font ce que vous leur dites de faire. Parce que les comportements des personnes sont

régis, de nombreuses organisations considèrent la gouvernance des données comme une discipline axée sur les processus. C'est partiellement vrai. Amener les gens à faire la bonne chose au bon moment est une grande partie de la gouvernance. Mais les organisations qui vendent la gouvernance des données comme un processus de gouvernance entièrement nouveau se heurtent à la perception du caractère intrusif de cette approche. La gouvernance devrait d'abord formaliser le comportement autour des processus existants et n'ajouter à la charge de travail des gens qu'en dernier recours.

4. **Soulignez que la gouvernance des données est une évolution, pas une révolution.** Comme mentionné précédemment, la gouvernance des données ne sera pas achevée d'un seul coup. La mise en œuvre de la gouvernance des données s'effectue de différentes manières selon les organisations. Certaines se concentrent dès le début sur des domaines ou des sujets spécifiques de données. D'autres se concentrent sur des domaines opérationnels, des divisions, des unités ou des applications spécifiques plutôt que de les mettre en œuvre dans toute l'organisation en une seule fois. D'autres organisations encore se concentrent sur une combinaison de deux ou trois domaines spécifiques au sein d'unités opérationnelles utilisant des applications spécifiques. Il n'existe pas de méthode unique et correcte pour faire évoluer la gouvernance des données dans votre entreprise. Néanmoins, je peux vous assurer que les employés résisteront si vous la traitez comme une révolution.

Éléments essentiels

- La gouvernance des données est l'exécution et le respect formels de l'autorité sur la gestion des données et des actifs liés aux données.

- Nous gouvernons déjà les données; nous le faisons de manière informelle. Nous pouvons formaliser la façon dont nous gouvernons les données en mettant une structure autour de ce que nous faisons actuellement.

- Nous pouvons améliorer la façon dont nous gérons le risque lié aux données et sécuriser les données, la qualité des données et l'assurance qualité sans dépenser beaucoup d'argent.

- Nous n'avons pas à dépenser beaucoup d'argent.

- Évitez de présenter la gouvernance des données comme un énorme défi.

- Insistez sur le fait que la gouvernance des données n'est pas une solution technique.

- Soulignez que ce sont les comportements des personnes, et non les données, qui sont gouvernés.

- Mettez l'accent sur la gouvernance des données en tant qu'évolution, et non révolution.

Chapitre 2
Gouvernance non intrusive des données expliquée

J'ai commencé à me concentrer sur une perspective de gouvernance non intrusive des données bien des années avant de commencer à utiliser ce terme pour décrire mon approche. Lorsque je travaillais dans les grandes entreprises, mon premier projet de gouvernance des données s'est concentré sur les intendants de données, dont il sera question au chapitre 7. L'approche concernant les intendants était centrée sur l'aide à leur apporter pour qu'ils effectuent leur travail sans leur donner l'impression qu'on leur confiait des responsabilités au-delà de celles qu'ils avaient déjà. Au début, il était clair que mon approche de la gouvernance des données serait non intrusive.

Maintenant, après avoir mis en œuvre des programmes de gouvernance des données et de l'information de cette manière pendant de nombreuses années, je peux honnêtement dire que mon approche est devenue moins intrusive au fil du temps. Pensez-y. Votre programme de gouvernance des données peut être soit non intrusif – moins invasif, moins menaçant, moins coûteux, mais plus efficace – soit invasif – une affaire de commandement et de contrôle. J'appelle l'approche intrusive l'approche du deux par quatre. À vous de décider. Mais lisez ce qui suit avant de le faire.

On me demande souvent : « Comment peut-on mettre en œuvre un programme de gouvernance des données de manière non intrusive? » Les organisations qui suivent l'approche décrite dans ce livre me disent que c'est le terme « gouvernance non intrusive des données » qui les a attirées vers cette approche.

Ce terme vise directement le cœur des préoccupations de nombreuses organisations concernant la gouvernance des données. En général, elles sont les suivantes :

- La plupart des organisations considèrent la gouvernance des données comme quelque chose qui excède les efforts de travail normaux et qui menace la culture de travail existante d'une organisation. J'insiste sur le fait *qu'il ne doit pas nécessairement en être ainsi*.

- La plupart des organisations ont du mal à faire adopter les meilleures pratiques de gouvernance des données à cause d'une croyance courante selon laquelle la gouvernance des données est une affaire de commandement et de contrôle. *Il n'est pas nécessaire qu'il en soit ainsi.*

- J'affirme fermement que la gouvernance des données est l'exécution et l'application de l'autorité sur la gestion des données. Mais il n'est dit nulle part dans cette définition que la gouvernance des données doit être envahissante ou menaçante pour le travail, les personnes et la culture d'une organisation.

La gouvernance non intrusive des données peut être résumée en quelques mots. Avec l'approche de la gouvernance non intrusive des données :

- Les responsabilités des intendants de données sont identifiées et reconnues, formalisées et mobilisées en fonction de leurs responsabilités existantes plutôt que de leur donner l'impression que vous leur confiez davantage de travail.

- La gouvernance des données est appliquée aux politiques, procédures opérationnelles, pratiques et méthodologies existantes plutôt que de commencer par introduire ou mettre l'accent sur de nouveaux processus ou méthodes.

- La gouvernance des données renforce et soutient toutes les activités d'intégration des données, de gestion des risques, d'informatique décisionnelle et de gestion des données maîtres de manière cohérente dans toute l'entreprise, au lieu d'imposer une rigueur incohérente à ces initiatives.

- Une attention particulière est accordée à la compréhension par la haute direction d'une approche pratique et non menaçante, mais efficace, de la gouvernance des données, qui sera adoptée afin d'arbitrer la propriété et de promouvoir l'intendance des données comme un actif inter-organisationnel plutôt que de maintenir la gouvernance en silo ou comme quelque chose que l'on nous dit de faire.

- Les meilleures pratiques et les concepts clés de l'approche non menaçante de la gouvernance des données sont communiqués efficacement et sont comparés aux pratiques existantes afin d'identifier et de tirer parti des points forts et de permettre d'aborder les possibilités d'amélioration.

LA GOUVERNANCE DES DONNÉES N'EST PAS UN PROCESSUS

J'ai une bête noire lorsqu'il s'agit de parler de gouvernance des données. Cette bête noire vise à faire comprendre aux gens que la gouvernance des données, en soi, n'est pas un processus. Je trouve improductif que les gens parlent du « processus ou des processus de la gouvernance des données ». Avec l'approche non intrusive de la gouvernance des données, la gouvernance et la formalité sont appliquées à des processus qui existent déjà.

Je n'aime pas ce terme de « processus » car je pense que d'identifier des processus comme des « processus de gouvernance des données » cause plus de dommages que de bien. L'intention d'être non intrusif dans votre approche de la gouvernance des données est d'être transparent pour l'organisation en appliquant la gouvernance aux processus existants plutôt que d'amener l'organisation à penser que tous les processus qui sont gouvernés ont été causés par les activités de la gouvernance des données. Si vous êtes non intrusif dans votre approche, vous reconnaissez que ces processus existaient, ou ont été créés dans un but précis, avant toute discussion sur la gouvernance des données et que le programme se concentre sur l'implication des bonnes personnes dans le processus au bon moment et pour la bonne raison.

Je fais généralement référence à cette application de la gouvernance des données sous le nom de « Bonne route de la gouvernance des données ». Mais avant de détailler comment cette bonne route est au cœur d'une approche de gouvernance non intrusive des données, permettez-moi de partager avec vous une petite anecdote sur le démarrage d'un programme de gouvernance non intrusive des données, même dans les circonstances financières les plus difficiles.

LA GOUVERNANCE DES DONNÉES ET DANSER SOUS LA PLUIE

De temps en temps, lorsque ma fille cadette, Mandy, était jeune, elle venait me voir avec une citation qu'elle avait lue quelque part et elle voulait que j'envisage de l'utiliser comme citation hebdomadaire sur les premières pages du bulletin d'information *The Data Administration Newsletter* (TDAN.com).

Un jour, alors que Mandy avait 12 ans, elle m'a fait part de cette citation : « La vie ne consiste pas à attendre que l'orage passe. Il s'agit d'apprendre à danser sous la pluie. »

J'ai immédiatement pensé : « Comment cette citation peut-elle se rapporter à la gouvernance des données et plus particulièrement à mes lecteurs? » J'ai vu une connexion immédiatement. J'ai rapidement demandé : « Qui a dit ça? » La réponse de Mandy, qui était une ado pressée, a été : « Quelqu'un ».

J'avais entendu cette citation au moins une fois auparavant, et après une rapide recherche sur Internet, j'ai trouvé la citation à de nombreux endroits. J'ai découvert que la citation n'est attribuée à personne en particulier[1]. Je n'utilise généralement pas de citations non attribuées dans mes écrits, mais plus je réfléchissais à la citation, plus je me disais qu'il serait formidable de l'appliquer à la gouvernance des données.

AU MILIEU D'UNE TEMPÊTE

Il y a de fortes chances que vous ressentiez la tempête si vous travaillez dans une entreprise américaine (ou dans une entreprise n'importe où), si vous travaillez dans le secteur privé ou public ou dans l'éducation, ou même si vous êtes indépendant. Les temps sont financièrement difficiles pour tout le monde. La bourse fait des plongeons et se redresse, mais elle reste toujours volatile. D'où le retrait du mot « retraite » du vocabulaire de nombreuses personnes. Le chômage atteint des niveaux élevés. Les entreprises réduisent leurs effectifs. Les projets sont retardés, voire annulés. Des collègues de longue date se voient montrer la porte. Les entreprises deviennent plus maigres, voire plus méchantes, dans la manière dont elles réduisent leurs effectifs. La tempête est là. Elle est suspendue juste au-dessus de nous, et nous la ressentons tous.

La technologie de l'information (TI) n'est pas la seule partie de ces organisations sous des nuages sombres. Les secteurs opérationnels ressentent également les effets de la crise. En fait, le resserrement de la ceinture et la

---

[1] NdT : Cette citation serait de Vivian Greene

rétention des fonds ont un impact sur tout le monde dans une organisation. Les programmes de gouvernance des données qui ont un impact à la fois sur l'informatique et les secteurs opérationnels sont devenus les dernières victimes du manque de financement dans de nombreuses organisations.

Ces organisations reconnaissent que la gouvernance des données est importante en matière de conformité, de contrôle réglementaire, de classification, de sécurité, de confidentialité et de gestion globale des risques liés aux données. Néanmoins, la tempête a poussé nombre de ces organisations à accrocher un auvent sur la gouvernance des données et à attendre que l'orage passe.

La plupart des organisations comprennent la nécessité de la gouvernance des données. Et la plupart des personnes lèveront la main lorsqu'on leur demandera si elles ont une marge d'amélioration significative en matière de gouvernance des données. Si vous n'êtes pas sûr de la position de votre organisation, je vous suggère de consulter le test de gouvernance des données au chapitre 4 et de procéder à une auto-évaluation de la position de votre organisation en matière de gouvernance des données par rapport à celle qu'elle souhaite atteindre.

Je serais surpris que vous arriviez à la conclusion que la tempête n'a pas un certain impact sur votre programme de gouvernance des données.

LA VIE NE CONSISTE PAS À ATTENDRE QUE LA TEMPÊTE PASSE

Certes, une option est d'attendre que l'orage passe. Rassemblez-vous sous l'auvent. Si vous savez combien de temps la tempête va durer, veuillez en faire part à mes lecteurs et à moi-même. Les experts disent que nous voyons des signes que la situation économique médiocre a touché le fond. Pourtant, même les experts optimistes disent qu'il faudra peut-être attendre longtemps, voire jamais, avant que l'économie ne revienne à un niveau proche de celui qu'elle avait atteint. Les jours d'excès sont peut-être derrière nous. Les jours de sureffectifs, de surbudgétisation et d'organisations envahies de consultants sont peut-être aussi des choses du passé. L'époque de l'examen minutieux des finances est arrivée, et tout porte à croire qu'elle n'est pas prête de disparaître. Alors, prenez votre imperméable, vos galoches, votre parapluie et vos canards en caoutchouc, car l'orage risque d'être parmi nous pour un moment.

Il peut y avoir une tempête à l'extérieur (et parfois à l'intérieur) des murs de votre organisation, mais les problèmes et les opportunités qui entourent la gestion des données sont là pour rester. Il est probable que votre direction considère toujours comme importante la gestion des risques liés aux données, notamment la conformité, la sécurité, la confidentialité, la classification et la protection. Il y a également de fortes chances que la direction continue à chercher des moyens d'améliorer la valeur qu'elle tire de ses données par le biais de l'informatique décisionnelle, de la gestion des données maîtres et de la mise en œuvre de progiciels. Ce sont toutefois les types d'initiatives qui pourraient être reléguées au second plan.

Voici une suggestion simple qui mérite d'être prise en considération : Faites ce que vous pouvez maintenant pour résoudre ces problèmes. Plus important encore, trouvez des moyens de tirer parti des opportunités qui se présentent, même si le financement est faible ou inexistant.

IL S'AGIT D'APPRENDRE À DANSER SOUS LA PLUIE

Voici une chose à laquelle vous n'avez probablement pas pensé à propos de la définition du mot « danse ». La danse est définie comme le fait de se déplacer de manière rythmique, généralement au son de la musique, en utilisant des pas et des gestes prescrits ou improvisés.

La dernière fois que j'ai vérifié, danser ne coûtait rien du tout. Danser sous la pluie ne coûte pas grand-chose non plus (et vous avez probablement plus de place). Attendez. C'est faux. Mandy – souvenez-vous que c'est elle qui a suggéré cette citation à l'eau de rose pour commencer – danse tout le temps. La plupart du temps, c'est gratuit quand elle est constamment en train de gigoter – pardon, de bouger en rythme de la musique dans sa tête – mais les cours de danse et la formation en théâtre coûtent quelque chose. OK, donc la danse n'est pas toujours gratuite.

Les programmes de gouvernance des données ne sont pas toujours gratuits non plus. Cependant, avec une gestion appropriée, un programme de gouvernance des données, en particulier un programme de gouvernance non intrusive des données, peut apporter à l'organisation une valeur comme elle n'en a jamais vue auparavant et à un coût extrêmement faible. Permettez-moi d'insister à nouveau sur ce point : **Un programme de gouvernance des données peut**

fournir un grand bénéfice à une organisation sans dépenser des sommes astronomiques.

Que pouvons-nous faire pour que notre organisation progresse alors qu'il pleut des cordes? Que pouvons-nous faire pour mettre l'accent là où il faut pour mettre en place un programme de gouvernance des données? Peut-être pouvons-nous sortir dans la tempête pour un moment et chercher des choses que nous, en tant qu'organisation, pouvons faire dès maintenant pour mettre en place les composants de base d'un programme de gouvernance non intrusive des données sans vraiment ressentir l'impact de la tempête. Hé! J'appelle ça danser. Et qui se soucie si vous êtes un peu mouillé?

Voici quelques mesures que vous pouvez prendre dès maintenant pour sortir dans la tempête, danser un peu et jeter les bases solides d'un programme de gouvernance non intrusive des données :

1. Convainquez votre direction que, selon l'approche que vous adoptez, un programme de gouvernance des données ne coûte que le temps que vous y consacrez. Vous devrez expliquer que le principal coût d'un programme de gouvernance non intrusive des données est la disponibilité des ressources humaines pour gérer le programme. Les coûts supplémentaires ne viennent que de l'expansion, de l'acceptation et de la participation formalisée.

2. Identifiez une personne qui aura la responsabilité de définir ce que la gouvernance des données signifiera pour l'organisation. Cette personne doit avoir accès aux secteurs opérationnels et informatiques, aux ressources chargées d'améliorer la valeur, la qualité et les processus par une meilleure gestion des risques liés aux données, l'intégration des données et la gouvernance des données.

3. Sélectionnez une activité, ou un projet, avec laquelle vous souhaitez travailler, apprendre et affecter les personnes appropriées pour définir, produire et utiliser des données spécifiques liées à l'activité. En d'autres termes, apprenez de votre état actuel de la sécurité de l'information, de l'informatique décisionnelle, de la gestion des données maîtres, des cartes de pointage et des tableaux de bord. Vous avez déjà mis en place un certain niveau de gouvernance. Tirez-en des leçons.

4. Consignez de manière structurée les informations sur les personnes engagées dans les activités de données liées à ce projet.

5. Pendant que les numéros 3 et 4 se déroulent, demandez à la personne du numéro 2 de travailler avec ses collègues pour définir un cadre pratique des rôles et des responsabilités pour la gouvernance des données. Ces rôles et responsabilités doivent concerner la gestion opérationnelle, tactique, stratégique, exécutive et de soutien et mettre en correspondance les rôles du cadre avec le niveau existant de gouvernance autour des données pour chaque initiative partenaire.

6. Pardonnez cette allusion audacieuse : demandez l'aide d'un mentor qui a vos intérêts à cœur et qui a mis en œuvre des programmes efficaces de gouvernance non intrusive des données par le passé. Utilisez ce mentor pour assurer le transfert de connaissances et pour orienter les actions requises – évaluation, plan d'action, politique, sensibilisation, communication – selon les besoins tout au long du développement du programme.

ÉTUDE DE CAS : DANSER SOUS LA PLUIE

Il y a plusieurs années, j'ai eu le privilège de travailler aux côtés d'un homme à qui l'on avait confié la responsabilité de mettre en place un programme de gouvernance des données pour son entreprise, mais qui n'avait pas reçu de ressources avec lesquelles travailler ni de budget à proprement parler. Cette histoire vous semble-t-elle familière?

Ce monsieur, que nous appellerons le responsable de la gouvernance des données, n'avait pas de poste de direction ni d'ambitions. Pourtant, il était convaincu que la gestion des données en tant qu'actif précieux de l'entreprise était la bonne chose à faire pour son entreprise et la bonne chose à faire pour l'aider à orienter sa carrière vers quelque chose de significatif et de valorisant.

Le responsable de la gouvernance des données a reconnu qu'il avait une bataille difficile à mener. Il a reconnu que le cycle budgétaire était difficile à infiltrer. Il a constaté que les personnes de son organisation étaient habituées à effectuer leur travail d'une manière coutumière et confortable et qu'elles n'avaient aucun intérêt à appliquer ou à faire appliquer une discipline formelle à la façon dont elles définissaient, produisaient et utilisaient les données. Il a constaté que les gens étaient entièrement concentrés sur leur propre travail et sur leur bonne performance. Ils ne se souciaient pas de l'impact qu'ils avaient sur le mode de fonctionnement de l'entreprise ou s'ils avaient un impact négatif sur le résultat net. Il a reconnu que les gens étaient plus préoccupés par la sauvegarde de leur emploi que par toute autre chose.

Le responsable de la gouvernance des données a reconnu qu'il avait un problème et qu'il devrait danser un peu ou beaucoup pour faire décoller son programme de gouvernance des données. Et il avait raison.

Le responsable de la gouvernance des données a décidé qu'il pouvait travailler sur plusieurs choses, dans une sorte d'approche furtive, pour faire avancer son organisation dans la bonne direction de la gouvernance des données. Voici ce qu'il a fait pendant qu'il dansait sous la pluie :

1. Le responsable de la gouvernance des données a décidé de documenter ce qu'il a appelé des « métadonnées de gouvernance » sur les domaines, ou sujets, de données qu'il jugeait les plus précieux pour l'organisation. Ces métadonnées comprenaient des éléments tels que les données importantes qui existaient dans quels systèmes et bases de données, et qui, dans l'organisation, définissait, produisait et utilisait ces données.

2. Il a documenté les étapes que les données franchissent pour calculer les indicateurs clés de performance (ICP)[2] de l'entreprise.

3. Il a documenté la manière dont les définitions et les utilisations des données différaient selon les personnes avec lesquelles il s'entretenait ou les systèmes et bases de données contenant les données.

4. Il a identifié et consigné les personnes qui estimaient avoir (ou qui étaient reconnues comme ayant) une responsabilité décisionnelle concernant les données.

5. Le responsable de la gouvernance des données a identifié et consigné des informations sur ce que l'entreprise ne pouvait pas faire en raison de l'état actuel des données qui alimentaient les ICP.

---

[2] NdT : *Key Performance Indicator (KPI)* en anglais

6. Il a pris de nombreuses autres mesures pour détailler les informations dont il allait avoir besoin pour aider les gens à comprendre comment le manque de gouvernance formelle autour des données coûtait de l'argent à l'entreprise et l'empêchait de tirer le maximum de valeur de ses données ou de prendre les meilleures décisions possibles.

7. Pendant que le responsable de la gouvernance des données exécutait les étapes 1 à 6, il découvrait en parallèle comment la gouvernance des données permettrait à l'entreprise de résoudre des problèmes spécifiques liés aux données des indicateurs clés de performance.

8. Il a abordé efficacement quelque chose d'extrêmement significatif pour les cadres supérieurs en détaillant l'analyse de rentabilité de la mise en œuvre d'un programme formel de gouvernance des données avec des ressources et du temps alloués à cet effort.

En fait, les mesures prises par le responsable de la gouvernance des données étaient non intrusives. Il n'a pas perturbé les autres activités de l'organisation et n'a donné à personne du travail supplémentaire par rapport à ses responsabilités existantes, tout en rassemblant ses informations de manière non intrusive pour justifier la gouvernance des données.

Après avoir convaincu son supérieur immédiat, le responsable de la gouvernance des données a pu rencontrer le directeur de l'exploitation de l'entreprise pendant un court moment pour partager et expliquer ses conclusions et le bien-fondé de la gouvernance des données.

Ainsi, le responsable de la gouvernance des données a dansé sous la pluie jusqu'à ce que le soleil brille sur lui.

NE CRAIGNEZ PAS D'ÊTRE MOUILLÉ

Mandy, et quelques personnes avant elle, a dit que « la vie ne consiste pas à attendre que l'orage passe. Il s'agit d'apprendre à danser sous la pluie. » Eh bien, il pleut encore très fort dans beaucoup d'endroits. Votre première option est de rester assis à attendre que la pluie s'arrête. Et nous savons tous que cela peut prendre beaucoup de temps. Attendre que l'orage passe peut ou non vous amener à être encore là lorsque les nuages disparaîtront et que le soleil apparaîtra à nouveau. Votre deuxième option est de sortir et de danser sous la pluie. Trouvez des choses que vous pouvez faire les jours de pluie avec un budget restreint et un manque de ressources. Trouvez des moyens de mettre en place un programme de gouvernance des données dès maintenant, même si votre organisation ne consacre pas consciemment des ressources importantes à la mise en place de ce programme.

Je vous assure qu'il y a des choses que vous pouvez faire dès maintenant, à peu ou pas de frais, comme danser sous la pluie pour ouvrir les yeux de la direction sur l'efficacité de l'approche de la gouvernance non intrusive des données. Faites ce pas en avant et commencez à construire et à démontrer les résultats rentables de votre propre approche non intrusive.

Comme Gene Kelly, originaire de ma ville natale de Pittsburgh, en Pennsylvanie, a un jour chanté et dansé sous la pluie, « *What a glorious feeling, I'm happy again* ».

Éléments essentiels

- Bien que la gouvernance des données soit « l'exécution et l'application de l'autorité sur la gestion des données », il n'est dit nulle part dans cette définition que la gouvernance des données doit être intrusive ou menaçante pour le travail, les personnes et la culture d'une organisation.

- Les responsabilités des intendants de données sont identifiées, reconnues, formalisées et engagées en fonction de leur responsabilité existante plutôt que d'être assignées ou remises aux gens comme un travail supplémentaire.

- La gouvernance des données est appliquée aux politiques, procédures opérationnelles standard, pratiques et méthodologies existantes plutôt que d'être introduite ou présentée comme de nouveaux processus ou méthodes.

La gouvernance des données signifie différentes choses pour différentes personnes et organisations. Plusieurs définitions circulent dans le secteur. Les consultants spécialisés dans la gouvernance des données ont la leur, les grands intégrateurs de systèmes ont la leur et les grands cabinets de conseil mondiaux ont la leur.

Ils définissent tous la même chose, mais de manière différente. Parfois, les organisations utilisent les termes « gouvernance des données » et « gérance ou intendance des données » de manière interchangeable. D'autres fois, elles utilisent le terme « non intrusif » pour décrire l'approche qu'elles adoptent en matière de gouvernance des données.

J'ai ma définition et je l'ai déjà partagée avec vous dans le premier chapitre de ce livre, mais laissez-moi la répéter ici. Laissez-moi vous expliquer.

La question la plus importante qui nécessite une réponse sur la gouvernance des données est la suivante :

Que signifie gouverner les données?

Veuillez prendre un moment pour réfléchir et répondre à cette question. Nous savons tous que la gouvernance des données est nécessaire, mais qu'est-ce que cela signifie d'avoir ses données gouvernées?

Le meilleur point de départ est de définir le terme « gouverner » en ce qui concerne les données. Pour ce faire, j'ai pris la définition du terme « gouverner »[3] du site TheFreeDictionary.com et j'ai ajouté le mot « données » à chaque caractéristique d'identification – la partie de la définition qui vous indique en quoi ce terme diffère des autres. Cet habillage des caractéristiques

---

[3] NdT Selon la définition anglaise de *Govern* depuis le site TheFreeDictionnary.com.

d'identification du mot « gouverner » rend la définition plus facile à lire et la place dans le contexte de la gestion des données.

J'ai pris chacune de ces caractéristiques d'identification de la signification de gouverner quelque chose et je les ai placées dans le tableau ci-dessous avec une description de ce que signifie gouverner des données pour cette caractéristique.

Tableau 1: Caractéristiques d'identification de gouvernance	
Établir et administrer la politique et les affaires publiques des données	**Gouverner les données signifie** que la politique de gouvernance des données prend la forme de documents écrits et approuvés (c'est un point essentiel) par l'entreprise ou l'organisation.
	Gouverner les données signifie que vous avez une politique de gouvernance des données. Cette politique peut se cacher sous le nom de politique de sécurité de l'information, de politique de confidentialité ou de politique de classification des données (par exemple, données hautement confidentielles, confidentielles, sensibles, publiques, ou autre).
	Gouverner les données signifie que votre organisation tire parti de l'effort investi dans le développement et l'approbation de la politique plutôt que de permettre à la politique de se retrouver sur des étagères. Dans ce cas, peu de gens savent comment la politique est associée aux données qu'ils définissent, produisent et utilisent quotidiennement.
Exercer l'autorité souveraine des données	**Gouverner les données signifie** qu'il existe un moyen de résoudre une divergence d'opinion sur une question de données transversales.
	Gouverner les données signifie que quelqu'un ou un groupe d'individus est l'autorité ou a l'autorité de prendre des décisions concernant les données.
	Gouverner les données signifie qu'il existe une voie d'escalade des niveaux opérationnel, tactique et stratégique de l'organisation pour la prise de décision. Il est rare que la gouvernance des données exige l'escalade des problèmes de données au niveau exécutif.
Contrôler la vitesse ou l'ampleur des données	**Gouverner les données signifie** que les données sont partagées selon les règles de classification (confidentiel, sensible, public) associées à ces données.
	Gouverner les données signifie que la création de nouvelles versions des mêmes données est examinée de près pour gérer et éliminer leur duplication.

	Gouverner les données signifie que les gens ne mettent pas en danger les données critiques ou confidentielles en faisant rapidement, et sans connaître les règles, des copies de données qui ne sont pas soumises au même examen et à la même gouvernance que les données originales.
Réglementer les actions ou les comportements des données	**Gouverner les données signifie** que des processus appropriés sont mis en place et contrôlés pour gérer la définition, la production et l'utilisation des données à tous les niveaux d'une organisation.
	Gouverner les données signifie que les processus proactifs et réactifs sont définis, approuvés et suivis à tous les niveaux de l'organisation. Les situations où ces processus ne sont pas suivis peuvent être identifiées, prévenues et résolues.
	Gouverner les données signifie que les comportements appropriés autour des données sont mis au premier plan dans le processus de réflexion de vos collaborateurs, au lieu d'être relégués au second plan comme un « inconvénient » ou un « bon d'avoir ».
Garder sous contrôle et restreindre les données	**Gouverner les données signifie** que l'accès aux données est géré, sécurisé et contrôlable par classification (confidentiel, sensible, public) et que des processus et des responsabilités sont mis en place pour garantir que les privilèges d'accès ne sont accordés qu'aux personnes appropriées.
	Gouverner les données signifie que tous les individus comprennent les règles associées à l'importation de données dans des feuilles de calcul, au chargement de données sur des ordinateurs portables, à la transmission de données, ou à toute autre activité qui extrait les données de leur source native.
	Gouverner les données signifie que les règles associées à la gestion des versions imprimées des données sont bien documentées et communiquées aux personnes qui génèrent, reçoivent ou distribuent ces copies imprimées.
Exercer une influence décisive ou déterminante sur les données	**Gouverner les données signifie** que les bonnes personnes sont impliquées au bon moment et pour les bonnes raisons afin de garantir que les bonnes décisions sont prises concernant les bonnes données.
	Gouverner les données signifie que les informations sur qui dans l'organisation fait quoi avec les données sont complètement enregistrées, partagées et comprises dans toute l'organisation. Cela permet d'obtenir les bons droits.
	Gouverner les données signifie qu'il existe une voie d'escalade formelle pour les problèmes de données connus qui passe de l'opérationnel (unité) au tactique (transversale) au stratégique (entreprise) et aux personnes identifiées comme les autorités sur cette utilisation spécifique des données.

Exercer une autorité politique sur les données	**Gouverner les données signifie** que quelqu'un ou un groupe de personnes a l'autorité de prendre des décisions pour l'entreprise concernant les données qui ont un impact sur l'entreprise.
	Gouverner les données signifie que la nature politique de la prise de décision est mise à profit pour prendre les décisions tactiques et stratégiques qui profitent le mieux à l'entreprise.
	Gouverner les données signifie qu'il existe une voie d'escalade formelle pour les problèmes de données connus qui passe de l'opérationnel (unité) au tactique (transversale) au stratégique (entreprise) et aux personnes identifiées comme les autorités sur cette utilisation spécifique des données.

Les énoncés que j'ai énumérés avec chacune des caractéristiques d'identification de la définition du mot « gouverner » devraient vous aider à prendre un bon départ pour expliquer ce que signifie gouverner les données. Une fois que vous aurez répondu à la question de savoir ce que signifie gouverner les données, la prochaine question que vous entendrez peut-être est la suivante :

Quelle est la meilleure façon de gouverner les données?

Et à cette question, vous pouvez répondre : « L'approche de la gouvernance non intrusive des données ».

INCITER LES GENS D'AFFAIRES À S'EXPRIMER

J'ai commencé ce livre en disant que de nombreuses organisations tentent d'obtenir le soutien pour des activités formelles de gouvernance des données en décrivant la valeur que la gouvernance des données ajoute à leur organisation. Comme vous le verrez dans ce chapitre, exprimer la valeur de la gouvernance des données est important pour de nombreuses organisations afin d'obtenir le feu vert pour commencer à mettre en place un programme.

Je vous suggère de réfléchir à ce que votre organisation *ne peut pas* faire parce que les données de vos systèmes, bases de données et ressources accumulées au fil des ans ne vous permettent pas de le faire. J'ai donné des exemples de ce que les organisations ne peuvent pas faire au chapitre 1.

La combinaison de la valeur que vous exprimez à vos commanditaires et de la liste des choses que vos gens d'affaires ne peuvent pas faire devient un puissant coup double d'informations à partager avec votre ou vos commanditaires potentiels.

QUI DÉFINIT LA VALEUR?

Deux principaux groupes de personnes contribueront à déterminer comment la gouvernance des données apportera une valeur ajoutée à votre organisation :

- Premièrement, ceux qui ont la responsabilité de définir et de déployer votre programme de gouvernance des données.

- Deuxièmement, tous les autres.

L'équipe de gouvernance des données (que nous aborderons au chapitre 10), ou les personnes qui souhaitent former une équipe de gouvernance des données, se chargent généralement de persuader la direction que la gouvernance des données est importante et qu'il faut consacrer du temps, des ressources et des efforts à la mise en place d'un programme de gouvernance des données. Ces individus ne constituent peut-être pas une équipe formelle au départ, mais ils adhèrent à l'idée de la gouvernance des données et dépensent beaucoup d'énergie à vendre ses vertus. Cette démarche est fréquente.

Je ne suggère pas de changer le mode de fonctionnement de l'équipe de gouvernance des données lorsqu'il s'agit de vendre le programme. Je recommande cependant que cette équipe s'associe aux gens d'affaires pour définir la valeur de la gouvernance des données pour l'organisation. L'équipe doit inciter les secteurs d'activité à s'exprimer sur les domaines dans lesquels ils pensent que la gouvernance des données apportera une valeur ajoutée pour eux.

Pour amener les gens d'affaires à s'exprimer de cette manière, je vous recommande de suivre les étapes suivantes :

1. Informez les gens d'affaires sur ce qu'est la gouvernance des données et sur l'approche que votre organisation adopte pour atteindre l'objectif.

2. Posez des questions spécifiques pour qu'ils s'expriment sur les choses qu'ils ne peuvent pas faire et les problèmes qu'ils vivent au quotidien concernant les données qu'ils définissent, produisent et utilisent.

3. Documentez les personnes auxquelles vous avez parlé et ce qu'elles ont dit. Cela démontre que la valeur est définie par les métiers plutôt que par l'équipe de gouvernance des données.

Cela semble assez facile sur le papier, mais passons rapidement en revue chacune de ces étapes.

INFORMEZ LES GENS D'AFFAIRES SUR VOTRE APPROCHE DE GOUVERNANCE DES DONNÉES

Cette étape exige que vous définissiez votre approche à l'avance et que celle-ci soit pratique et réalisable dans votre organisation. L'approche devra inclure au minimum des pratiques éprouvées, un modèle opérationnel des rôles et des responsabilités, un plan d'action et un plan de communication. L'approche comprend souvent un inventaire des données et des intendants, ainsi qu'un plan détaillé de la manière dont la gouvernance des données sera appliquée par le biais des processus existants et nouveaux.

C'est là que l'approche non intrusive de la gouvernance des données apporte le plus de valeur ajoutée. Commencez par les messages pour la direction au chapitre 1 pour vous assurer que la gouvernance des données n'est pas qu'une question de commandement et de contrôle et qu'elle peut être libérée de ces contraintes.

Les données sont un problème commercial universel. De nombreux secteurs d'activité vous laisseront le temps de leur présenter le sujet et votre approche spécifique de la gouvernance des données s'ils

- Reconnaissent un problème lié à quelque chose qu'ils ne peuvent pas faire;

- Croient que vous ajouterez de la valeur à ce qu'ils font;

- Savent que vous avez leurs meilleurs intérêts à cœur lorsque vous travaillez avec eux.

APPRENDRE CE QUE L'ORGANISATION NE PEUT PAS FAIRE

Lors de vos conversations avec les gens d'affaires, votre mission devrait être de faire comprendre comment une discipline formalisée autour des données apportera une valeur ajoutée à ce qu'ils font. Par conséquent, débutons là :

- Demandez-leur ce qu'ils ne peuvent pas faire en raison du manque de disponibilité, de la qualité ou de leur connaissance des données.

- Demandez-leur où ils obtiennent leurs données, ce qu'ils font avec les données, et s'il y a des choses qui pourraient être rendues plus faciles. Ces questions sont au cœur de leur peine.

- Demandez aux secteurs opérationnels de vous donner la permission d'utiliser ce qu'ils vous disent dans les étapes suivantes.

Faire en sorte que les secteurs opérationnels expliquent à l'équipe de gouvernance des données la valeur de la gouvernance des données enlève beaucoup de pression à cette dernière. Si l'équipe est perçue comme travaillant pour les meilleurs intérêts des secteurs opérationnels, cela libérera une partie du temps de l'équipe de gouvernance des données car elle passera moins de temps à vendre et plus de temps à construire son programme.

DOCUMENTER LA VALEUR À PARTIR DE CE QUE LES GENS D'AFFAIRES DISENT

La dernière étape consiste à documenter et à utiliser les informations que vous obtenez des secteurs opérationnels. Cela fonctionne encore mieux si vous parvenez à faire en sorte que ces secteurs eux-mêmes transmettent les informations aux cadres supérieurs pour les persuader de la nécessité de la gouvernance des données. Nous savons tous que cela ne se produit pas naturellement. Généralement, quelqu'un doit insister sur ce point.

Tenez un journal des personnes et des secteurs opérationnels auxquels vous avez fait appel. Documentez spécifiquement la façon dont ils ont répondu aux questions des paragraphes précédents et reliez les personnes à ce qu'elles ont dit. Si elles vous ont donné la permission à l'étape précédente, n'ayez pas peur de les citer dans votre présentation de ces informations à la direction. Faites comprendre à la direction que les cadres peuvent revoir ce que les gens ont dit pour soutenir leur propos.

Documentez la valeur opérationnelle attendue de ce que vous avez entendu en utilisant une formule qui fonctionne pour votre organisation ou les énoncés de valeur opérationnelle partagées dans la section suivante.

De temps en temps, il se produit une réunion d'affaires au cours de laquelle un homme ou une femme d'affaires déborde d'informations qui aident la personne qui convoque la réunion à remplir sa mission, quelle qu'elle soit. Permettez-moi de partager un exemple avec vous.

Une entreprise de fabrication internationale s'efforçait d'obtenir le soutien de certains directeurs d'usine pour son programme de gouvernance des données. Certains directeurs se trouvaient aux États-Unis, et plusieurs autres dans des usines en Europe.

Lors de la première réunion de travail avec un directeur d'usine, le responsable de la gouvernance des données a commencé par expliquer la gouvernance des données et l'approche non intrusive. Le directeur d'usine a absorbé tout ce que le responsable et moi avons partagé, et cela a ressemblé à une réunion typique où beaucoup d'informations sont acceptées sans problème.

Et puis c'est arrivé. Le directeur d'usine nous a dit qu'il appréciait que nous ayons pris le temps de l'inscrire sur notre planning. Il nous a dit qu'il avait dressé une liste de choses qu'il ne pouvait pas faire parce que les données de l'organisation ne le soutenaient pas.

Le directeur de l'usine a partagé que lui, et donc l'entreprise, ne pouvait pas identifier le meilleur endroit pour fabriquer certains produits en raison du coût des matières premières et du coût de transport de ces matières premières vers l'usine. Il a poursuivi en expliquant qu'il ne pouvait pas comparer les coûts d'une région à l'autre lorsqu'il s'agissait de distribuer des produits servis par différentes usines à proximité. Il avait une liste de problèmes opérationnels qui se rapportaient tous à la nécessité d'accéder à des données pour l'aider à prendre des décisions clés comme celles-ci.

À l'époque, j'ai suggéré à mon client d'utiliser les propos du directeur de l'usine pour expliquer comment la gouvernance des données apporterait une valeur ajoutée à l'entreprise en répondant aux problèmes qu'il a soulevés. J'ai également recommandé d'utiliser ces informations lors de réunions avec les autres directeurs d'usine pour les amener à penser de la même manière.

Le fait d'amener gens d'affaires à s'exprimer et à plaider en faveur de la gouvernance des données réduit la nécessité pour l'équipe de gouvernance des données de le faire. Au lieu de cela, l'équipe de gouvernance des données a la responsabilité de transmettre ces informations aux personnes qui prennent la décision. En laissant l'entreprise plaider en faveur de la gouvernance des données, personne ne peut dire que la gouvernance des données est un projet informatique destiné uniquement à obtenir des avantages informatiques. La gouvernance des données devient une solution d'entreprise.

EXEMPLES D'ÉNONCÉS DE VALEUR

Lorsqu'il est utilisé dans le monde des affaires, l'expression « énoncé de valeur »[4] peut être définie comme un bref verbiage qui démontre une relation de cause à effet entre une action et la valeur commerciale que celle-ci procure. Quiconque a été consultant ou employé (ou quiconque a essayé de convaincre quelqu'un de faire quelque chose) a utilisé un énoncé de valeur pour justifier la pertinence d'une activité.

Dans les domaines de la technologie de l'information (TI) d'une entreprise ou d'une organisation, les énoncés de valeurs aident à convaincre la haute direction d'utiliser un nouveau type de technologie, de consacrer des fonds à un nouveau progiciel et d'éliminer les systèmes redondants. Les énoncés de valeur sont également utilisés pour développer ou enrichir une initiative d'informatique décisionnelle ou d'entreposage de données et pour d'autres situations qui nécessitent un certain niveau de financement et auxquelles nous pouvons tous nous identifier. Les énoncés de valeur sont maintenant devenus un élément majeur pour convaincre les directions générales des entreprises et des organisations qu'elles doivent poursuivre la conception et le déploiement de la gouvernance des données.

---

[4] NdT : *Business Value Statement* en anglais

Un énoncé de valeur de gouvernance non intrusive des données peut être défini comme une relation de cause à effet entre la formalisation des niveaux de gouvernance existants (et la mise en place d'un programme non intrusif pour gouverner les données) et la valeur qui sera obtenue en gouvernant les données de cette manière.

FORMULER UN ÉNONCÉ DE VALEUR

Au fil des ans, j'ai utilisé un ensemble d'énoncés de valeur pour démontrer aux clients la valeur des programmes de gouvernance non intrusive des données. La formule que j'utilise pour les énoncés de valeur de la gouvernance non intrusive des données est brève et précise :

Les organisations qui font (X)
démontrent[5] des améliorations de la valeur grâce à (Y).

Où (X) représente des actions clairement définies et (Y) reflète les améliorations opérationnelles qui résultent de ces actions.

Conformément à l'approche de la gouvernance non intrusive des données, ma formule pour les énoncés de valeur est brève et concise. Je le fais parce que l'idée d'une déclaration de valeur plus longue ou plus complexe donne l'impression que la valeur qui découle de la gouvernance des données comporte de nombreux composants et que tirer de la valeur d'un programme de gouvernance des données est plus complexe que nécessaire. Je préfère limiter mes énoncés de valeur à deux parties pour réduire l'apparence de complexité.

Le but de cette formule est de démontrer que l'utilisation d'un outil facile à utiliser comme un énoncé de valeur, avec une formule cohérente pour la lecture et la compréhension, articule simplement la valeur d'un programme de gouvernance non intrusive des données à la haute direction ou à toute personne dans l'organisation qui peut influencer le changement.

---

[5] Démontrer ou autre verbe

ÉNONCÉS DE VALEUR POUR LA GOUVERNANCE NON INTRUSIVE DES DONNÉES

Voici une liste d'énoncés de valeurs sur la gouvernance non intrusive des données que j'ai utilisés dans des présentations récentes. Le composant (X) de ma formule d'énoncé de valeur est indiqué en **gras**, et le composant (Y) de ma formule est en *italique*.

- **Les organisations dont les cadres supérieurs et les dirigeants des unités opérationnelles comprennent, soutiennent et offrent une orientation pour une approche et des programmes de gouvernance non intrusive des données** *s'assurent d'un risque moindre et d'une meilleure acceptation par l'ensemble du personnel autour de la gestion des données pour le succès à court et à long terme du programme.*

- **Les organisations qui identifient, consignent et mettent à disposition des informations sur les personnes qui définissent, produisent et utilisent les données clés de l'entreprise** *font preuve d'une coordination, d'une coopération et de communications efficaces et efficientes autour de ces données.*

- **Les organisations qui documentent les informations sur les éléments de données essentiels et critiques d'entreprise ayant une grande valeur** *démontrent une meilleure compréhension et utilisation opérationnelle de ces données.*

- **Les organisations qui améliorent leur capacité à partager des informations sur les données** *font preuve d'une meilleure capacité à répondre aux changements des exigences réglementaires et d'audit.*

- **Les organisations qui s'assurent que les personnes appropriées sont impliquées dans des tâches spécifiques de gestion des données** *démontrent leur capacité à éliminer la réplication et l'utilisation abusive des données, et améliorent leur capacité à intégrer les données conformément aux règles de l'entreprise en matière d'éléments de données critiques.*

- **Les organisations qui définissent et suivent des processus établis et des procédures opérationnelles standard pour gouverner les données – y compris la demande, le partage, la définition, la production et l'utilisation des données** – *démontrent leur capacité à garantir que les données seront partagées conformément aux exigences de classification des données (données privées, publiques et sensibles).*

- **Les organisations qui intègrent et formalisent les responsabilités liées à la gouvernance des données dans la routine et la méthodologie quotidiennes** *considèrent rapidement les processus associés à la gouvernance des données comme non menaçants et habituels plutôt qu'un ajout à l'effort de travail existant.*

- **Les organisations qui élaborent, communiquent efficacement et appliquent des politiques de gestion des données plus strictes** *s'assurent des niveaux de risque d'entreprise plus faibles en ce qui concerne la gestion des données et les évaluations de la conformité des données.*

ÉNONCÉ DE VALEUR SYNTHÈSE

Dans l'esprit des énoncés de valeur abordés dans ce chapitre, je partage avec vous une dernière réflexion sur l'utilisation des énoncés de valeur pour démontrer comment un programme de gouvernance non intrusive des données profitera à votre organisation.

- **Les organisations qui mettent en œuvre des programmes de gouvernance non intrusive des données** *recherchent généralement le retour sur investissement et l'impact sur le résultat net dans plusieurs domaines : l'efficacité et l'efficience de la résolution des problèmes liés aux données, la conformité et sa démonstration vérifiable, la gestion des risques d'entreprise, la gestion et la capacité de décision des employés plutôt que simplement en dollars et en cents.*

ÉTUDE DE CAS : LA DIRECTION AUTORISE UN PROGRAMME DE GOUVERNANCE DES DONNÉES

Une entreprise de télécommunications m'a engagé pour l'aider à mettre en œuvre son programme de gouvernance des données de manière non intrusive. Cette entreprise avait du mal à communiquer la valeur de la gouvernance des données et l'impact qu'elle aurait sur sa capacité à retenir et à acquérir efficacement de nouveaux clients grâce aux données qu'elle possédait sur eux.

Cette entreprise voulait montrer la causalité de la gouvernance des données comme une première étape pour convaincre la direction générale de la nécessité d'un programme. Il a été décidé d'utiliser des énoncés de valeur.

En peu de temps et grâce à une session dirigée, l'entreprise a été en mesure d'articuler clairement, à l'aide de la formule décrite précédemment dans ce chapitre, plusieurs causes et effets de la gouvernance des données spécifiquement axée sur leur mission.

Cette entreprise a décidé que si la direction générale et les gestionnaires de comprenaient mieux la gouvernance des données et offraient une orientation au programme de gouvernance, ce dernier aurait de meilleures chances de réussite à long terme. Ils ont donc créé un énoncé de valeur, semblable au premier exemple que j'ai partagé, destiné à leur organisation.

L'entreprise a reconnu l'importance des métadonnées pour la mise en œuvre de son programme de gouvernance des données et a créé des énoncés de valeur semblables aux deuxième et troisième énoncés que j'ai partagés, visant leur organisation et leur capacité à consigner et à partager des métadonnées utiles.

L'entreprise a adopté la « bonne route » de la gouvernance des données (voir chapitre 14) et a impliqué les bonnes personnes pour résoudre les bons problèmes de données, au bon moment, en utilisant les bonnes données. Cela a conduit à la bonne solution pour le problème ou la préoccupation. L'entreprise a développé des énoncés de valeur incorporant les meilleures idées des exemples ci-dessus, orientés vers l'impact que ces énoncés de valeur auraient sur l'activité de fidélisation et d'ajout de nouveaux clients.

Éléments essentiels

- Les promoteurs de la gouvernance des données dans l'organisation doivent amener les acteurs de l'entreprise à s'exprimer sur la valeur qu'ils attendent de la gouvernance des données.

- Les deux principales composantes de valeur à partager avec les commanditaires de la gouvernance des données pour votre organisation sont 1) ce que l'entreprise ne peut pas faire parce que les données ne soutiennent pas l'activité, et 2) les valeurs opérationnelles que l'on peut espérer de la mise en place d'une gouvernance des données formelle.

- La formule pour construire un énoncé de valeur est la suivante : Les organisations qui font (X), *démontrent* des améliorations de la valeur par (Y).

Chapitre 4
Planifier votre programme de gouvernance des données

Il y a plusieurs années, j'ai travaillé avec un client aux États-Unis et en Europe pour élaborer un ensemble de principes fondamentaux associés à la gouvernance des données. Les principes que nous avons élaborés représentent une vue précise et simplifiée de ce que son organisation souhaitait accomplir en déployant un programme formel de gouvernance des données.

Notre intention et notre espoir étaient d'amener le plus haut niveau de l'organisation du client à convenir que ces principes étaient importants et que la compagnie devait accomplir ce que les principes énonçaient. Nous espérions également que la haute direction signerait une déclaration de politique, dont la base serait nos principes.

J'ai utilisé ces principes dans plusieurs de mes activités de conseil et dans bon nombre de mes présentations et webinaires. C'est parce que je crois que les organisations avec lesquelles j'interagis devraient considérer ces principes comme un moyen facile de décrire les bases de la gouvernance des données dans l'espoir que la haute direction, quelle que soit sa définition, soit d'accord.

Le graphique de la page suivante montre comment une politique de gouvernance des données peut se décomposer en principes fondamentaux qui peuvent être soutenus par des dimensions de qualité des données. Le graphique comprend des phrases clés (phrases rapides pour aider à se souvenir de chaque principe) dans des bulles attachées à chaque principe. Une explication de chaque principe suit le graphique.

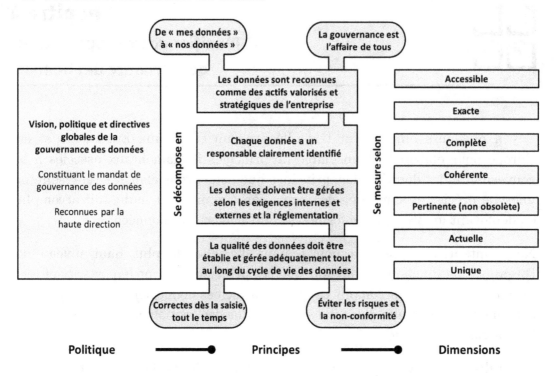

PRINCIPE 1: RECONNAÎTRE QUE LES DONNÉES SONT DES ACTIFS VALORISÉS ET STRATÉGIQUES

De « mes données » à « nos données »

JUSTIFICATION

- Les données constituent une ressource précieuse pour les entreprises. Des données précises et opportunes sont la base essentielle d'une prise de décision efficace et du service à la clientèle d'une entreprise.

IMPLICATIONS

- Gérez soigneusement les données pour vous assurer qu'elles sont clairement définies, correctement utilisées et contrôlées de manière appropriée. La direction et le personnel de l'entreprise doivent pouvoir compter sur l'exactitude des données et être en mesure d'obtenir des données quand et où cela est nécessaire.

PRINCIPE 2: IDENTIFIER CLAIREMENT QUI EST RESPONSABLE DES DONNÉES

La gouvernance des données est l'affaire de tous

JUSTIFICATION

- La plupart des données ont une valeur pour une entreprise qui dépasse les utilisations d'une application spécifique. Il est nécessaire que les données soient partagées et intégrées au niveau de l'entreprise, conformément aux politiques de sécurité de l'information et de confidentialité.

- Les données doivent être bien définies pour être partageables. Et les données partageables doivent être définies de manière cohérente dans toute l'entreprise, avec des définitions claires disponibles pour tous les utilisateurs.

- Un large accès aux données conduit à l'efficacité et à l'efficience dans la prise de décision et permet de répondre rapidement aux demandes d'information et à la prestation de services.

IMPLICATIONS

- Les données partagées permettent d'améliorer les décisions. Maintenir une source unique de données exactes et actuelles est moins coûteux que de maintenir plusieurs sources disparates de données. Les données sont mieux alignées sur les exigences transversales de l'entreprise. Les différences syntaxiques et sémantiques entre les bases de données seront minimisées et les applications seront plus portables. En outre, les gestionnaires de données peuvent modifier l'environnement de données en fonction de l'évolution des exigences ou des conditions, avec un impact minimal sur les applications.

- Les données doivent être protégées contre une utilisation ou une divulgation non autorisées. Des processus, des procédures et des automatismes seront utilisés pour assurer la sécurité des données.

- L'accès aux données doit se faire par le biais d'interfaces définies de manière appropriée afin de garantir la bonne compréhension et l'utilisation des données.

- Pour permettre le partage des données, l'équipe de gouvernance des données, avec la coopération des intendants des domaines de données et des secteurs d'activité, doit développer, respecter et communiquer un ensemble commun de définitions, de politiques et de normes. Les définitions de données communes constituent la base des interfaces de systèmes et des échanges de données. Un vocabulaire commun augmente la valeur des définitions.

PRINCIPE 3: GÉRER LES DONNÉES SELON LES EXIGENCES ET LA RÉGLEMENTATION

Éviter les risques et la non-conformité

JUSTIFICATION

- La législation et les réglementations en vigueur exigent la sauvegarde, la sécurité et la confidentialité des informations personnelles identifiables.

- Le partage ouvert des données, l'accessibilité gérée et la diffusion des données et des informations doivent être conciliés avec la nécessité de limiter la disponibilité des informations restreintes, exclusives ou sensibles.

- Les propriétaires des données, dans le rôle des intendants des domaines de données, sont redevables de la qualité, de la définition, de la sécurité, de la confidentialité, de la normalisation et de l'utilisation appropriée des données dans leurs domaines.

IMPLICATIONS

- Pour améliorer la qualité et la valeur des données – et pour éviter les problèmes de risque et de conformité – la redevabilité et les règles de définition, de production et d'utilisation des données doivent être consignées, gérées et communiquées à toutes les parties concernées.

- L'équipe de gouvernance des données doit être responsable du registre et de la communication des informations sur les redevabilités d'un individu dans toute l'entreprise.

- L'équipe de gouvernance des données doit travailler avec les secteurs d'activité pour s'assurer que les réglementations pertinentes sont documentées et communiquées aux secteurs concernés.

PRINCIPE 4: DÉFINIR ET GÉRER LA QUALITÉ DES DONNÉES TOUT AU LONG DE LEUR CYCLE DE VIE

Correctes dès la saisie, tout le temps

JUSTIFICATION

- Les normes de qualité des données doivent être bien définies pour identifier, consigner, mesurer et communiquer la qualité des données.

- Les normes de qualité seront axées sur la mesure des améliorations des processus métier et de la prise de décision à partir de données complètes, pertinentes et uniques.

- Les données critiques de l'entreprise doivent être régulièrement vérifiées par rapport aux normes de qualité dans toute l'entreprise, les normes étant comprises et disponibles pour tous les définisseurs, producteurs et utilisateurs des données.

- Les propriétaires de données, dans le rôle des intendants de domaine, sont redevables des définitions des normes de qualité des données et de l'utilisation appropriée de ces normes pour leurs domaines.

IMPLICATIONS

- Pour améliorer la qualité des données, l'équipe de gouvernance des données, avec la coopération des intendants des domaines de données et des secteurs d'activité, doit développer, respecter et communiquer un ensemble commun de normes.

- Les normes de données communes sont le fondement de la qualité des interfaces de systèmes et de l'utilisation des données. Un registre commun des normes de qualité des données permettra d'améliorer la qualité des données.

En vérité, plus nous restons simples avec nos concepts autour de la gouvernance des données, plus il est facile pour les personnes de nos organisations de comprendre ce qu'est la gouvernance des données. N'hésitez pas à utiliser les principes de base que j'ai décrits ici ou à dériver les vôtres comme moyen simple de décrire la mission d'un programme durable de gouvernance des données.

MODÈLE DE MATURITÉ DE LA GOUVERNANCE DES DONNÉES

De nombreuses organisations avec lesquelles j'ai travaillé m'ont demandé d'examiner une version du modèle de maturité de la capacité du SEI (CMM)[6] appliquée à la discipline de la gouvernance des données. Récemment, l'institut CMMI© a introduit le modèle de maturité de la gestion des données (DMM)[7] « pour aider les organisations qui cherchent à évaluer et à améliorer leurs pratiques de gestion des données. »

Pour reprendre les termes de CMMI©, le DMM a été conçu pour combler le fossé des perspectives entre les entreprises et l'informatique. Il fournit un langage et un cadre communs décrivant les progrès possibles dans toutes les disciplines fondamentales de la gestion des données, offrant une voie d'amélioration graduelle qui peut être facilement adaptée aux stratégies, aux forces et aux priorités de l'entreprise. Il définit la gestion des données dans des domaines de processus spécifiques regroupés par catégories.

Je vais aligner ce modèle bien connu sur de nombreux aspects de l'approche de la gouvernance non intrusive des données qui a aidé plusieurs organisations à mettre en œuvre avec succès des programmes de gouvernance des données.

Considérez cette description élégante du modèle de maturité de la capacité de Wikipedia[8] :

---

[6] NdT *Capability Maturity Model* en anglais

[7] NdT *Data Management Maturity* en anglais

[8] NdT: voir https://en.wikipedia.org/wiki/Capability_Maturity_Model

Le Capability Maturity Model©, une marque de commerce déposée de l'Université Carnegie Mellon (CMU), est un modèle de développement créé après étude des données recueillies auprès d'organisations ayant passé un contrat avec le ministère de la Défense des États-Unis, qui a financé la recherche. Ce modèle est devenu la base sur laquelle Carnegie Mellon a créé l'Institut de génie logiciel (SEI). Le terme « maturité » reflète le degré de formalité et d'optimisation des processus, depuis les pratiques ad hoc jusqu'à l'optimisation active des processus, en passant par des étapes formellement définies et des mesures de résultats gérées.

Lorsqu'il est appliqué aux processus de développement de logiciels d'une organisation, ce modèle permet une approche efficace pour les améliorer. Lorsqu'il est appliqué au processus et à la structure de gouvernance des données, ce modèle peut également être utilisé pour améliorer les processus et les structures. Finalement, il est devenu évident que ce modèle peut également être appliqué à de nombreux autres processus. Cela a donné naissance à un concept plus général décrit ici et appliqué à de nombreux domaines d'activité.

Pour planifier l'évolution de leur gouvernance des données de manière systématique, de nombreuses entreprises utilisent le modèle de maturité pour contrôler le changement en déterminant quel niveau est approprié pour les opérations et la technologie, ainsi que comment et quand passer d'un niveau à l'autre. Chaque étape nécessite un certain investissement, principalement dans l'utilisation des ressources internes. Les bénéfices d'un programme de gouvernance des données augmentent et les risques diminuent à mesure qu'une organisation progresse dans chaque niveau de maturité de gouvernance des données.

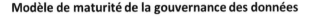

Modèle de maturité de la gouvernance des données

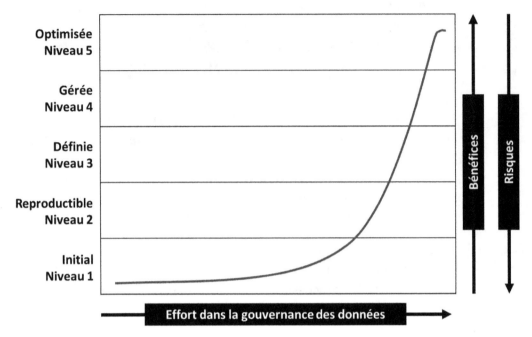

NIVEAU 1 – INITIAL

Les processus à ce niveau sont généralement non documentés et en constante évolution. Ces processus ont tendance à être pilotés de manière ad hoc, incontrôlée et réactive par les utilisateurs ou les événements. Cela crée un environnement chaotique ou instable pour les processus.

L'organisation de niveau 1 ne dispose pas de règles ou de procédures strictes en matière de gouvernance des données. Les données peuvent exister dans de multiples fichiers et bases de données, peuvent être utilisées dans de multiples formats connus et inconnus, et peuvent être stockées de manière redondante dans de multiples systèmes sous différents noms et en utilisant différents types de données. Aucune méthode apparente n'est présente dans cette folie, et peu, voire aucune, tentative n'a été faite pour cataloguer ce qui existe. Les rapports sont élaborés à la volée, à la demande des unités opérationnelles.

La qualité des données dans une organisation de niveau 1 dépend des compétences des analystes et développeurs informatiques. Une organisation de niveau 1 entreprendra des tâches monumentales sans connaître leur impact.

Cela entraîne l'annulation de projets ou, pire encore, le déploiement et la mise à jour de progiciels complets avec des données gravement corrompues ou des rapports invalides, ou les deux. Environ 30 à 50 % des organisations fonctionnent au niveau 1.

NIVEAU 2 – REPRODUCTIBLE

À ce niveau, certains processus sont reproductibles, avec éventuellement des résultats cohérents. Il est peu probable que la discipline des processus soit rigoureuse. Lorsque cette discipline existe, elle peut contribuer à garantir le maintien des processus existants en période de stress.

Pour passer du niveau 1 au niveau 2, une organisation doit commencer à adhérer aux pratiques exemplaires de gouvernance des données. Les meilleures pratiques comprennent généralement quatre à six pratiques sur lesquelles le plan d'action de gouvernance des données a été élaboré.

Bien que les organisations de niveau 2 suivent une sorte de programme de gouvernance des données, en général, elles ne l'ont pas encore institutionnalisé. Au lieu de cela, les plans de ces organisations comptent sur une personne ou un groupe central pour comprendre les problèmes et mettre en œuvre la gouvernance des données de manière fiable et cohérente. Cela se manifeste par la création de la fonction d'équipe de gouvernance des données.

Le succès des organisations de niveau 2 dépend des compétences des analystes techniques qui gèrent les aspects techniques des données. Bien que les différences entre les aspects opérationnels et techniques des données soient généralement, mais pas toujours, comprises à un certain niveau, moins d'efforts sont déployés pour documenter et saisir la signification opérationnelle des données. Il existe peu ou pas de différenciation entre la conception logique et physique des données.

Les organisations de niveau 2 commencent à mettre en place des pratiques de gouvernance des données axées sur un type spécifique de données utilisées pour le suivi des unités opérationnelles. Le passage d'une organisation de niveau 1 à une organisation de niveau 2 permettra la restructuration d'éléments de données spécifiques dans l'entrepôt de données.

Environ 15 à 20 % des organisations fonctionnent au niveau 2. Si la mise en œuvre d'un lancement de la gouvernance des données est réussie et si l'organisation est capable de reproduire ces mêmes étapes pour de futures activités similaires au lancement de la gouvernance des données, elle sera en bonne voie pour devenir une organisation de niveau 3.

NIVEAU 3 – DÉFINIE

Ce niveau implique des ensembles de processus standard définis et documentés, établis et soumis à un certain degré d'amélioration au fil du temps. Ces processus standard sont en place et sont utilisés pour établir la régularité des résultats des processus dans l'ensemble de l'organisation.

Les organisations qui réussissent à passer du niveau 2 au niveau 3 de l'échelle de maturité ont documenté et établi un programme de gouvernance des données en tant que composante essentielle du cycle de vie de l'élaboration des rapports et de l'utilisation des données. Les organisations de niveau 3 appliquent et testent pour s'assurer que les exigences de qualité des données sont définies et respectées. Ces organisations comprennent généralement la signification opérationnelle des données et ont créé une fonction de gouvernance des données à l'échelle de l'organisation. Elles disposent d'un programme reconnu qui traite les données comme un actif de l'entreprise, même si elles ne comprennent pas entièrement ce que cela signifie.

Le succès de l'organisation de niveau 3 dépend généralement de l'interaction entre les fonctions de gouvernance des données et de gestion de projet et de la bonne utilisation des outils. En revanche, les organisations de niveau 1 et 2 peuvent disposer d'outils, mais elles ne les appliquent généralement pas de manière cohérente ou correcte. Parfois, leurs outils traînent sur les étagères. Les organisations de niveau 3 utilisent des outils pour consigner et tenir à jour la documentation relative à la gouvernance des données, pour automatiser les étapes de gouvernance des données lancées par les organisations de niveau 2 et pour commencer à surveiller et à ajuster de manière proactive les performances de la gouvernance des données. Environ 10 à 15 % des organisations se situent au niveau 3.

NIVEAU 4 – GÉRÉE

Les processus de ce niveau utilisent des mesures de processus, et la direction peut contrôler efficacement le processus dans son état actuel, par exemple pour le développement de logiciels. Elle peut notamment identifier les moyens d'ajuster et d'adapter le processus à des projets particuliers sans pertes de qualité mesurables ou divergences par rapport aux spécifications. La capacité du processus est établie à ce niveau.

Une entreprise ne peut passer au niveau 4 que si elle met en place une solution de métadonnées gérées pour soutenir son environnement de données. Cela permet à l'équipe de gouvernance des données de cataloguer et de maintenir les métadonnées pour les structures de données de l'entreprise. Une organisation de niveau 4 permet également au personnel des technologies de l'information et aux utilisateurs finaux d'accéder aux données existantes et à leur emplacement au sein de l'organisation, ainsi qu'à leurs définitions, synonymes, homonymes, etc. L'équipe de gouvernance des données est impliquée à un certain niveau dans tous les efforts de développement pour aider au catalogage des métadonnées et à la réduction des éléments de données redondants. Cela est toujours vrai dans les modèles logiques et physiques. Cela est vrai, le cas échéant, pour les exigences de performance et de projet. Les organisations de niveau 4 ont commencé à effectuer des audits de données pour évaluer la qualité des données de production.

Le succès de l'organisation de niveau 4 dépend de l'adhésion de la haute direction au soutien de la maxime « les données sont un actif de l'entreprise ». Cela implique de traiter les données comme on traite d'autres actifs tels que les ressources humaines, financières, matières premières et produits finis. Des outils avancés gèrent les métadonnées (référentiels), la qualité des données (moteurs de transformation) et les bases de données (moniteurs automatisés, consoles centralisées pour l'administration de bases de données hétérogènes, etc.) Environ 5 à 10 % des organisations fonctionnent au niveau 4.

NIVEAU 5 – OPTIMISÉE

Les processus à ce niveau se concentrent sur l'amélioration continue des performances des processus par des changements et des améliorations technologiques incrémentiels et innovants.

L'organisation de niveau 5 utilise les pratiques développées aux niveaux 1 à 4 pour améliorer continuellement l'accès aux données, la qualité des données et les performances de la base de données. Aucun changement n'est introduit dans un dépôt de données de production sans avoir été préalablement examiné par l'équipe de gouvernance des données et documenté dans le référentiel de métadonnées. Les organisations de niveau 5 essaient continuellement d'améliorer les processus de gouvernance des données. Moins de cinq pour cent des organisations opèrent au niveau 5.

Vous pouvez utiliser le test de gouvernance des données qui suivra pour vous aider à déterminer le niveau de maturité de la gouvernance des données dans votre organisation.

ÉTUDE DE CAS : UNE ORGANISATION MET EN PLACE UN PROGRAMME DE GOUVERNANCE NON INTRUSIVE DES DONNÉES

De temps en temps, des organisations m'engagent pour évaluer la maturité de leur gestion des données. Cette évaluation indique si elles sont prêtes à mettre en œuvre un programme de gouvernance des données en utilisant le modèle de maturité standard comme le modèle de maturité des capacités du SEI. L'une de ces organisations a demandé qu'un modèle de maturité de la gouvernance des données, construit spécifiquement selon ses exigences, soit utilisé pour produire cette évaluation.

L'évaluation de l'organisation à l'aide du modèle de maturité a indiqué que, bien que celle-ci montrait des signes de volonté de s'attaquer à la qualité des données, à la gestion des métadonnées et à l'informatique décisionnelle, de graves problèmes existaient au niveau de la qualité, de la documentation et des rapports. L'organisation n'avait pas de règles ou de procédures concernant la gouvernance des données, les données existaient dans de multiples fichiers et dans des bases de données de formats différents, et les données étaient stockées de manière redondante dans toute l'organisation. Cette organisation, comme les quelque 30 à 50 % d'organisations mentionnées précédemment, fonctionnait au niveau 1 du modèle de maturité des capacités.

Étant donné que le modèle de maturité avait été développé en fonction de leurs besoins spécifiques et que l'évaluation avait été réalisée par le biais d'entretiens intensifs avec du personnel opérationnel et technique et validée par le plus haut niveau de l'organisation, un soutien et un parrainage ont été offerts pour les phases initiales de mise en œuvre d'un programme de gouvernance des données transsectoriel.

TEST D'ÉVALUATION DE LA GOUVERNANCE DES DONNÉES

Ce test vous permet d'effectuer une auto-évaluation de vos programmes de gouvernance des données. Il permet de se concentrer sur les éléments significatifs pour votre organisation tout en évaluant honnêtement la façon dont vous répondez à ses besoins.

La seule façon dont mon test de maturité de la gouvernance des données sera utile est de répondre aux questions en évaluant honnêtement la situation actuelle de votre organisation. Lorsque vous passerez ce test, vous découvrirez rapidement que les questions posées ne sont en fait que des énoncés de discipline et que les réponses qui vous seront demandées ne ressemblent à rien de ce que vous avez vu auparavant.

Il s'agit d'un test à choix multiples, mais le piège est que vous devez faire correspondre les réponses que je vous donne aux énoncés de discipline que je fais, toujours en fonction de votre situation. L'objectif de cet exercice est de vous aider à vous pencher sur les aspects positifs de votre environnement et sur les possibilités d'améliorer la gouvernance des données en tant que ressource d'entreprise précieuse.

Vous devriez cependant garder ces deux questions à l'esprit pendant que vous faites correspondre les réponses que je donne aux énoncés de la discipline en fonction de l'échelle que je fournis ci-dessous :

- À l'heure où la conformité et les rapports réglementaires, la sécurité des informations, la confidentialité, la classification des données, l'intégration des données et la gestion des transactions sont de plus en plus complexes, est-il judicieux de continuer à gouverner nos données comme nous l'avons toujours fait ou devons-nous au moins envisager de formaliser efficacement la manière dont nous gérons ces ressources?

- Étant donné que la concurrence dans notre secteur est féroce et que chaque entreprise cherche à obtenir un avantage concurrentiel grâce aux données, est-il judicieux de continuer à gérer nos données comme nous l'avons toujours fait, ou devrions-nous au moins envisager de formaliser la manière dont nous gérons nos ressources de données?

Si vous gardez ces deux questions à l'esprit et évaluez honnêtement où vous vous situez sur le continuum de 1 à 5 points pour chacun des énoncés de discipline des données, vous pourrez formuler une stratégie qui vous aidera à convaincre vos cadres supérieurs à envisager la mise en place d'un programme de gouvernance non intrusive des données. Dans la colonne Point de la grille qui suit, classez votre organisation d'un à cinq en utilisant ces critères :

- **Cinq** – Nous sommes parfaits dans la façon dont nous gérons cet aspect de la gouvernance de nos données.

- **Quatre** – Nous nous débrouillons bien dans la façon dont nous gérons cet aspect de la gouvernance de nos données. Bien que ce ne soit pas parfait, c'est acceptable pour nos objectifs.

- **Trois** – Il est possible d'améliorer cet aspect de la gouvernance de nos données.

- **Deux** – Il existe une marge de manœuvre importante pour améliorer cet aspect de la gouvernance de nos données.

- **Un** – Nous en sommes au point où, si nous ne nous attaquons pas à cette discipline, nous serons confrontés à un niveau de risque de plus en plus élevé concernant la façon dont nous gouvernons nos données.

En notant chacun de ces énoncés pour votre organisation, soyez franc lorsque vous évaluez votre situation actuelle en fonction des énoncés de discipline. Il est permis d'attribuer des points partiels. Par exemple, si vous vous situez quelque part entre « possible d'améliorer » et « marge de manœuvre importante », n'hésitez pas à vous noter avec un 2,3 ou un 2,7. Je veux que ce test soit facile. Accordez-vous le bénéfice du doute, mais sachez que plus de points ne sont pas toujours meilleurs. Vous attribuer une note artificiellement plus élevée peut vous plonger dans un état d'esprit déraisonnablement confortable et vous empêcher de passer à un niveau supérieur.

Je peux presque vous assurer que quelqu'un dans votre organisation est responsable de chacun de ces domaines liés aux données. Et il ne s'agit pas toujours des mêmes personnes. Je peux également dire que le simple fait que quelqu'un quelque part ait des responsabilités dans ces domaines ne suffit pas à augmenter automatiquement votre score. Cette personne ou ce groupe est-il efficace ? Essaient-ils vraiment avec conviction ? Ont-ils un plan bien pensé ?

Test d'évaluation de la gouvernance des données

Discipline de gouvernance des données	Point
1. **Gestion des risques :** Nous gérons les risques associés à nos données. Mon organisation comprend la nécessité de s'adapter rapidement aux risques associés aux données, et beaucoup de ces règles proviennent de l'extérieur de l'organisation. Nous avons une personne, une équipe de personnes ou un conseil (ou tout ce qui précède) qui se concentre sur la compréhension de tous les niveaux de risque autour de la gestion des données. Ce groupe communique régulièrement des informations sur les risques liés aux données, afin que chacun comprenne les différences entre les comportements à risque et les comportements sûrs dans la manière dont nous gérons nos données.	
2. **Conformité des données et contrôle réglementaire :** En tant qu'organisation, nous accordons une grande attention à la conformité et aux préoccupations réglementaires autour des données que nous collectons, utilisons et partageons dans le cadre de la prise de décisions et de la conduite des affaires. Quelqu'un a la responsabilité de documenter et de communiquer les règles à toutes les personnes de l'organisation qui manipulent ces données. Lorsque nous sommes audités, nous pouvons clairement démontrer aux auditeurs que nous suivons les règles autour des données.	
3. **Sécurité de l'information et classification des données :** En tant qu'organisation, nous accordons une grande attention à la sécurité des données structurées et non structurées. Nous avons une politique de sécurité de l'information ou quelque chose de similaire (directives, mandats, etc.). Nous sommes à l'aise avec notre capacité à communiquer, différencier et gérer selon les règles associées aux données confidentielles, celles à usage interne et celles publiques. Les personnes qui partagent des données dans notre organisation partagent également les règles établies concernant ces données, et nous ne pensons pas que la sécurité des informations soit un problème.	

Discipline de gouvernance des données	Point
4. **Gestion des métadonnées** : Nous disposons de métadonnées pour les données les plus importantes que nous gérons. Mon organisation sait quelles sont les données dont nous disposons, où elles résident et comment elles sont définies, produites et utilisées dans les bases de données partagées et sur les ordinateurs personnels. Les informations dont nous disposons sur nos données les plus importantes sont accessibles à tous ceux qui en ont besoin. Tout aussi important, nous avons identifié et engagé des personnes qui ont la responsabilité officielle de la définition, de la production et de l'utilisation des métadonnées.	
5. **Gestion de la qualité des données** : Notre organisation se concentre continuellement sur la qualité des données. Nous disposons de moyens formels pour enregistrer les problèmes de qualité des données, et nous avons des méthodes proactives et réactives pour trouver les problèmes et les résoudre lorsque nous les trouvons. Nous avons également des personnes chargées de gérer les journaux de problèmes, de les évaluer et de les classer par ordre de priorité. Plus important encore, nous avons une compréhension claire des normes opérationnelles pour les éléments de données essentiels qui permettent de différencier plus facilement les données de haute qualité de celles de basse qualité.	
6. **Informatique décisionnelle et intégration des données** : Nous disposons d'un entrepôt de données qui tire pleinement parti des informations qu'il contient et qui est utilisé au maximum de ses capacités. Cela signifie que les gens ont un accès facile aux données, qu'ils les comprennent et qu'ils nous aident à améliorer continuellement leur qualité. Nous reconnaissons que la gouvernance des données joue un rôle important dans le succès ou l'échec de notre initiative d'entreposage de données, et ce, de toutes les facettes de l'intégration des données. Nous comprenons que l'intégration des données est une discipline difficile. Mais puisque nous gouvernons bien les données des deux côtés - source et cible – nous sommes à l'aise avec l'efficacité de notre programme d'informatique décisionnelle.	

Discipline de gouvernance des données	Point
7. **Gestion des données maîtres** : Notre organisation reconnaît que la gestion des données maîtres (GDM) est l'une des disciplines de données les plus efficaces et les plus importantes dont on parle aujourd'hui. Nous avons identifié des personnes chargées de gérer notre ou nos initiatives de GDM et nous avons commencé à identifier les technologies propices qui nous aideront à gérer et à partager nos données maîtres et de référence. Lorsque nous peuplons notre environnement GDM, la discipline est là pour gérer la prise de décision autour de la ressource de données maîtres, la composante métadonnée, ainsi que les communications et l'accessibilité aux données maîtres. Nous sommes bien placés pour mener à bien l'initiative des données maîtres dans le respect du budget et du calendrier.	
8. **Gouvernance des données et intendance des données** : Enfin, nous avons un programme de gouvernance des données qui définit clairement les rôles et les responsabilités aux niveaux opérationnel, tactique, stratégique et de soutien. Notre programme se concentre sur l'exploitation des connaissances existantes sur les données qui se trouvent chez nos intendants de données. L'approche que nous avons choisie a été adoptée par nos dirigeants, nos intendants, les secteurs opérationnels et les personnes chargées de la technologie, et elle aborde la gouvernance des données de manière proactive et réactive. Notre programme de gouvernance des données est un facteur essentiel de notre réussite dans toutes les disciplines énumérées dans ce test.	

COMMENT ÉVALUER VOTRE RÉSULTAT

Il serait utile que vous analysiez votre résultat, soit la façon dont vous avez fait correspondre l'échelle à cinq points à chacun des énoncés de la discipline. Chacun des huit domaines de la discipline de la gestion des données doit être évalué séparément. Vous pouvez envisager d'évaluer votre organisation de la même manière avec ces disciplines supplémentaires : modélisation des données, exploration des données, architecture orientée services, infonuagique, logiciel en tant que service, applications composites de données, mégadonnées, ou toute autre nouveauté en matière de gestion des données. Toutes ces disciplines peuvent être incluses dans ce test et évaluées de la même manière.

La ventilation des résultats ci-dessous correspond aux prochaines étapes de la gouvernance des données – ou de toute autre discipline – que vous souhaitez franchir pour votre organisation.

- Si vous avez obtenu un score supérieur à 4, votre organisation est en bien meilleure posture que la plupart des autres. Il est important d'identifier ce qui est fait correctement et les aspects à améliorer. Continuez à évaluer ce que vous faites bien et passez beaucoup de temps à ajuster le navire et à réagir aux changements du paysage.

- Si votre score se situe entre 3 et 4, votre organisation est encore en assez bonne posture. Encore une fois, il est important de reconnaître les aspects que vous pouvez améliorer. Je vous suggère de définir les meilleures pratiques dans les domaines qui doivent être améliorés, de tirer avantage des choses que vous faites bien et de saisir les occasions d'amélioration, car votre organisation a probablement déjà reconnu et corrigé des lacunes dans la gestion des données.

- Si vous avez obtenu un score entre 2 et 3, votre organisation est mûre pour mettre en place un programme de gouvernance non intrusive des données. Puisque vous avez déclaré que des améliorations sont possibles, il peut être judicieux d'identifier et d'articuler les aspects qui doivent être améliorés et de développer un plan d'action et un plan de communication pour les cibler spécifiquement.

- Si votre score se situe entre 1 et 2, votre organisation doit mettre en place un programme de gouvernance non intrusive des données. En fait, si vous n'avez pas encore commencé à définir votre programme de gouvernance des données, vos données risquent de continuer à être un handicap pour votre organisation plutôt qu'un actif.

QUOI FAIRE AVEC CES INFORMATIONS

Vous remarquerez un écart important entre la réponse qui rapporte cinq points et celle qui rapporte un point. À l'extrémité supérieure de l'échelle, peu ou pas de travail doit être fait autour de la gouvernance des données et des disciplines de données énumérées dans ce test. Certains d'entre vous obtiendront peut-être des résultats très différents pour les huit disciplines de données. Si c'est le cas, concentrez-vous sur l'amélioration les aspects avec des scores faibles afin d'augmenter votre moyenne générale.

Si vous êtes dans une entreprise qui obtient 3 ou moins pour chacune des catégories, vous avez beaucoup de travail à faire :

- Identifiez une ou plusieurs disciplines de données spécifiques à partir des résultats du test qui nécessitent une attention immédiate.

- Identifier les raisons spécifiques que vous pouvez faire valoir concernant les lacunes dans les disciplines de données qui interfèrent avec la capacité de votre organisation à créer de la valeur dans cette discipline.

- Identifiez les pratiques de gouvernance des données éprouvées et qui s'appliquent spécifiquement à cette ou ces disciplines de données.

- Évaluez les pratiques actuelles de votre organisation par rapport aux pratiques éprouvées afin d'identifier les éléments pouvant être exploités et les possibilités d'amélioration.

- Décrivez l'écart qui existe entre les pratiques actuelles et les pratiques éprouvées, les risques associés à cet écart et la valeur potentielle pour votre organisation.

- Développer et déployer un cadre efficace de rôles et de responsabilités en matière de gouvernance non intrusive des données.

- Utilisez ces informations pour fournir un plan de travail et un plan de communication réalisables afin d'aborder la gouvernance des données en relation avec la ou les disciplines des données.

- Gagnez en efficacité en impliquant quelqu'un qui a déjà fait ce chemin.

Vous avez peut-être constaté qu'essayer de vendre la nécessité d'un programme de gouvernance des données d'entreprise global, de bout en bout, mondial, est une pilule difficile à avaler pour vous en tant que vendeur ou acheteur d'un programme de gouvernance des données. Si c'est le cas, vous pouvez commencer par mettre en place un programme de gouvernance non intrusive des données qui aborde de manière spécifique et cohérente les domaines de discipline des données les plus problématiques et les plus pertinents pour votre organisation.

Gardez à l'esprit les besoins globaux de l'entreprise et associez-vous à d'autres initiatives de gouvernance des données existantes ou à des initiatives similaires comme la sécurité, la protection et l'amélioration de la qualité des données. Éventuellement, vous parviendrez peut-être à une convergence de bonnes idées, et les besoins globaux de l'organisation seront plus faciles à atteindre.

CONCLUSION

Vous pouvez considérer cela comme un énième test d'auto-assistance. J'espère que non. Avec ce test, j'ai voulu mettre en place une méthode simple d'auto-évaluation qui relie les disciplines de données spécifiques identifiées dans le test à votre état actuel de capacité à obtenir de la valeur ou à éviter les risques associés à cette discipline.

Comme je l'ai dit précédemment, des personnes de votre organisation ont probablement un intérêt spécifique pour une ou plusieurs des disciplines de données énumérées ici. Plus qu'un intérêt, elles peuvent être redevables. Aidez-les à aider votre organisation à progresser et à réussir dans la gouvernance des données. Présentez-leur l'approche de la gouvernance non intrusive des données et les résultats de ce test. Ce faisant, nous espérons que vous bénéficierez du message dont vous avez besoin pour vous engager sur la voie du succès.

Éléments essentiels

- Il y a quatre principes de la gouvernance des données :
  - Les données constituent un actif.
  - Les données doivent avoir une redevabilité clairement définie.
  - Les données doivent suivre des directives et des règlements.
  - Les données doivent être gérées de manière cohérente.

- Les cinq niveaux du modèle de maturité de la gouvernance des données ressemblent beaucoup aux cinq niveaux du modèle de maturité de la capacité du Strategic Engineering Institute (SEI) :
  - Niveau 1 – Initial
  - Niveau 2 – Reproductible
  - Niveau 3 – Définie
  - Niveau 4 – Gérée
  - Niveau 5 – Optimisée

- Le test d'évaluation de la gouvernance des données vous permet d'effectuer une auto-évaluation de vos programmes de gouvernance des données pour ces huit disciplines :
  1. Gestion des risques
  2. Conformité des données et contrôle réglementaire
  3. Sécurité de l'information et classification des données
  4. Gestion des métadonnées
  5. Gestion de la qualité des données
  6. Informatique décisionnelle et intégration des données
  7. Gestion des données maîtres
  8. Gouvernance des données et gestion des données.

Dans son livre *The 7 Habits of Highly Successful People : Powerful Lessons in Personal Change*, Stephen Covey insiste sur le fait que l'une de ces habitudes consiste à « commencer avec la fin en tête ». Commencer ainsi n'est pas seulement une habitude des personnes qui réussissent bien, c'est aussi une habitude des organisations qui réussissent.

Voyez les choses de cette façon : Il est logique d'élaborer un plan d'action avant d'essayer d'accomplir quoi que ce soit. MapQuest.com ne peut vous donner des indications que si vous lui dites où vous allez, donc avoir la fin en tête. Lorsque vous élaborez un plan d'action pour un programme de gouvernance des données, il est judicieux de définir ce que vous voulez accomplir, ce à quoi ressemblera l'état et les comportements futurs de l'organisation. Tout cela nous amène aux meilleures pratiques de gouvernance des données.

Les meilleures pratiques de gouvernance des données constituent la base et la ligne directrice de l'exécution d'un programme de gouvernance des données. Les organisations qui mettent en œuvre avec succès des programmes de gouvernance des données commencent par définir une série limitée de meilleures pratiques. Une fois qu'elles ont défini leurs meilleures pratiques, elles effectuent une évaluation des écarts et des risques afin d'identifier les différences entre ce qu'elles définissent comme les meilleures pratiques de gouvernance des données et les pratiques actuelles, ainsi que les risques actuels et potentiels associés à ces différences. Tout aussi important, elles définissent un plan d'action pour la mise en œuvre du programme de gouvernance des données.

DÉFINIR LES MEILLEURES PRATIQUES

Lorsque vous définissez les meilleures pratiques, utilisez ces deux critères pour déterminer si quelque chose est une meilleure pratique pour vous :

> ### *1. La meilleure pratique est-elle réaliste et applicable dans votre situation?*
>
> ### *2. Le programme sera-t-il menacé si cette meilleure pratique n'est pas mise en œuvre?*

Vous *devez* pouvoir répondre « oui » à ces deux questions pour que la pratique soit considérée comme une meilleure pratique. Gardez cela à l'esprit lorsque vous lirez les quelques exemples de meilleures pratiques ci-dessous. Demandez-vous si votre organisation peut ou non répondre « oui » à ces questions. Il est possible que ces exemples puissent être considérés comme des meilleures pratiques pour votre organisation.

EXEMPLES DE MEILLEURES PRATIQUES

Ces exemples de meilleures pratiques se retrouvent souvent dans les organisations de tous les secteurs :

- Pour que la gouvernance des données soit un succès, la haute direction doit soutenir, parrainer et comprendre les activités de l'équipe de gouvernance des données, les rôles définis dans le modèle opérationnel de la gouvernance des données et des cas concrets où la gouvernance des données apportera une valeur ajoutée.

- Les membres du personnel s'engagent à définir, développer, exécuter et pérenniser le programme de gouvernance des données de manière continue.

- Les principes de gouvernance des données sont appliqués de manière cohérente et continue aux données qui sont définies, produites et utilisées pour les rapports d'entreprise.

- Les objectifs, la portée, les attentes, les mesures du succès, ainsi que les rôles et les responsabilités du programme de gouvernance des données sont bien définis et communiqués aux technologies de l'information, aux unités opérationnelles stratégiques et aux fonctions de soutien partagées de l'entreprise.

Pensez à ces énoncés en fonction des critères partagés dans la section précédente. Pour le premier exemple de meilleure pratique, vous pourriez demander : « Est-il pratique et faisable d'obtenir le soutien et la compréhension de la haute direction en matière de gouvernance des données? » Pour cette pratique, vous pourriez également vous demander : « Notre programme de gouvernance des données sera-t-il en danger si nous n'avons pas le soutien et la compréhension de la haute direction? »

La réponse à ces questions devrait être « oui ». Il est possible d'éduquer la haute direction. Mais il est tout aussi important de reconnaitre que vous serez en danger si vous n'avez pas le soutien de la haute direction. Ces deux critères sont déterminants dans la définition des meilleures pratiques de gouvernance des données pour votre organisation.

DÉCOUVRIR L'ÉTAT DES PRATIQUES AVEC DES ENTREVUES ET DES ATELIERS

Il est important de passer en revue les meilleures pratiques et de voir où se situe votre organisation par rapport à celles-ci, en particulier avec les responsables opérationnels et informatiques de votre organisation. La meilleure façon de mener à bien ce processus de découverte est de mener des entretiens et des ateliers de travail avec une représentation équitable des responsables de la gestion des affaires – qui seront identifiés comme des intendants des données – et des responsables informatiques.

Distribuez vos meilleures pratiques aux personnes concernées avant les réunions pour leur donner l'occasion de se faire une opinion, qu'elle soit positive ou négative. N'oubliez pas que les meilleures pratiques doivent être faciles à comprendre et à approuver. Cela constituera un bon point de départ pour votre réunion et réduira le temps nécessaire à celle-ci.

Il est important de noter que si vous rédigez les meilleures pratiques de manière que les gens puissent répondre « oui » aux critères d'évaluation, vous obtiendrez probablement des suggestions sur la manière de reformuler les pratiques plutôt que des commentaires négatifs. Les meilleures pratiques doivent être faciles à comprendre et à accepter. Il est souvent utile d'inclure dans la distribution des meilleures pratiques ces trois questions pour qu'elles soient examinées avant la réunion.

1. Que faites-vous pour soutenir la meilleure pratique?

2.   Où existe-t-il une possibilité d'amélioration de la meilleure pratique?

3.   Quel est l'écart entre notre état actuel et ce qui est énoncé dans la meilleure pratique (et quel est le risque associé à cet écart)?

Au cours de vos réunions, demandez aux participants de dire ce qui est actuellement fait par l'organisation ou par leur équipe pour soutenir les meilleures pratiques. Demandez-leur également ce qui, selon eux, entrave la capacité à respecter les meilleures pratiques et où il existe des possibilités raisonnables d'amélioration. Ces informations seront prises en compte dans les prochaines étapes de l'évaluation.

CONSIGNER LES FORCES

Cela semble évident, mais mérite malgré tout d'être mentionné brièvement. Il est important de tirer parti des forces que vous avez relevées lors de l'étape de découverte. L'objectif est d'identifier et de consigner les activités des intendants et les processus qui soutiennent les meilleures pratiques que vous avez définies pour votre organisation. La consignation est essentielle, car :

1.   Vous pouvez utiliser les forces consignées comme un point de départ solide. Si des personnes jouent déjà le rôle d'intendant des données, ne changeons rien. Si les processus soutiennent les meilleures pratiques définies, ne les changeons pas non plus. La liste de ces points forts peut servir de tremplin à une discussion avec les personnes qui deviendront des intendants des données pour les assurer qu'elles n'ont pas à se sentir menacées par les demandes de la gouvernance des données.

2.   Le registre des forces peut démontrer et convaincre la haute direction que la base de la gouvernance des données est déjà en place et que le plan d'action – la dernière étape – ne changera pas les choses qui n'ont pas besoin d'être changées. Comme l'a dit un jour l'auteur et homme politique anglais Lucius Cary, deuxième vicomte Falkland, « Quand il n'est pas nécessaire de changer, il est nécessaire de ne pas changer »[9].

---

[9] NdT : La citation originale est « *When it is not necessary to change, it is necessary not to change.* »

CONSIGNER LES POSSIBILITÉS D'AMÉLIORATION

L'expression « possibilité d'amélioration » est souvent considérée comme la manière politiquement correcte de décrire les « faiblesses de notre environnement actuel ». En fait, elle en dit plus que cela. La possibilité d'amélioration exprime les domaines spécifiques à traiter qui ne correspondent pas aux meilleures pratiques que vous avez définies. Consigner les domaines où une amélioration est nécessaire jouera un rôle important dans l'élaboration de votre plan d'action. Et votre plan d'action consistera en des étapes à suivre pour traiter les possibilités d'amélioration.

IDENTIFIER LES ÉCARTS

Il s'agit d'une autre étape importante. Utilisez les informations recueillies au cours des deux étapes précédentes pour relever l'écart entre votre environnement actuel et celui de vos meilleures pratiques retenues. Cela peut sembler évident, mais comme certaines entreprises semblent préférer l'approche « tirer d'abord puis viser », j'ai pensé que cela valait la peine d'être mentionné.

Veillez à présenter les écarts de manière positive. Mentionnez bien sûr les points forts déjà en place et défendez l'idée que les possibilités d'amélioration mentionnées à l'étape précédente sont exactement cela : des opportunités pour votre organisation de mieux gérer ses données.

IDENTIFIER LES RISQUES

Il s'agit d'une autre étape essentielle. La plupart des cadres supérieurs vont rapidement se concentrer sur les risques, et c'est probablement ce qu'ils veulent évaluer en premier : « Quelles sont les lacunes de notre programme de gestion des risques? La conformité? La sécurité? La protection de la vie privée? Du vol d'identité? La rétention des données? La reprise après sinistre? »

Le fait de savoir où votre organisation est à risque, ou même d'imaginer où elle pourrait être à risque, peut contribuer de manière importante aux questions que vous posez aux responsables opérationnels et informatiques de votre organisation au cours de l'étape de découverte. Cela peut également jouer un rôle majeur dans l'effort pour convaincre la haute direction des concepts clés de la gouvernance des données et de la nécessité de formaliser un programme de gouvernance des données.

PRÉPARER UN PLAN D'ACTION

À ce stade, vous avez défini les meilleures pratiques de gouvernance des données pour votre organisation et vous avez repéré ce que vous faites pour soutenir ces meilleures pratiques. Vous avez identifié les possibilités d'amélioration de votre organisation, signalé les écarts entre votre situation actuelle et votre objectif, et formulé les risques associés à ces écarts. Le plan d'action devrait pratiquement s'écrire tout seul, non?

Ce n'est pas forcément aussi simple. Le plan d'action doit comprendre des étapes réalistes permettant d'exploiter les possibilités d'amélioration. Ces étapes doivent être triées par ordre de priorité, communiquées et bénéficier de ressources. Pensez à relier les étapes prévues au rapport d'évaluation.

Le plan d'action doit être rédigé de manière à accentuer les aspects positifs. Votre organisation doit être en mesure de réaliser le plan d'action compte tenu de la situation actuelle, des ressources disponibles et des activités de votre organisation. Le plan d'action doit être communiqué aux parties prenantes de la gouvernance des données dans votre organisation, c'est-à-dire à presque tout le monde. Le plan d'action doit être suivi, et les résultats de son exécution doivent également être communiqués.

DERNIÈRES RÉFLEXIONS SUR LES MEILLEURES PRATIQUES

Comme je l'ai mentionné dans les premiers paragraphes de ce chapitre, il est judicieux de commencer en ayant la fin en tête. Les meilleures pratiques établissent le début et la fin. Elles fixent des comportements cibles concrets que l'organisation doit atteindre pour que le programme de gouvernance des données devienne un succès durable.

Gardez à l'esprit ces trois conseils et techniques pour établir les meilleures pratiques et mener à bien une analyse et une évaluation critiques :

1. **Choisissez vos mots.** Les organisations qui suivent l'approche non intrusive de la gouvernance des données réduisent délibérément le nombre de mots qu'elles incluent dans chaque meilleure pratique. Éliminez les mots superflus ou ceux qui détournent l'attention de la signification réelle de chaque pratique. Certaines organisations se concentrent sur la tâche à accomplir, comme la protection des données, l'amélioration de la qualité ou l'amélioration des analyses, lorsqu'elles définissent leurs meilleures pratiques.

2. *Rien de tel que le présent.* Rédiger au présent est le moyen le plus efficace de décrire les meilleures pratiques. En effet, chaque meilleure pratique est un point de référence actuel pour commencer votre évaluation et doit décrire la pratique que l'organisation se propose d'atteindre. Une meilleure pratique écrite au futur, y compris des mots comme « à faire », « sera » ou « devra », décrit un comportement futur qui implique que la meilleure pratique n'est pas suivie à l'heure actuelle. Plus haut dans ce chapitre, j'ai indiqué que pour suivre l'approche de la gouvernance non intrusive des données, l'évaluation doit d'abord articuler les activités actuelles, susceptibles d'être mises à profit (forces), qui soutiennent la meilleure pratique avant d'articuler les possibilités d'amélioration (faiblesses).

3. **Souligner pour préciser.** Les meilleures pratiques sont souvent la méthode utilisée pour présenter à une organisation les aspects comportementaux de l'approche de la gouvernance non intrusive des données. En introduisant cette approche, des mots peu familiers sont utilisés pour communiquer avec les personnes de l'organisation. Une analyse critique et une évaluation des meilleures pratiques doivent définir ces termes dans un langage simple que les équipes opérationnelles et informatiques comprennent. Envisagez de souligner les mots des meilleures pratiques qui peuvent être nouveaux pour ceux qui les lisent. Fournissez un glossaire des termes soulignés.

Éléments essentiels

- Les étapes pour l'évaluation des meilleures pratiques incluent :

    - Définir les meilleures pratiques;
    - Découvrir l'état actuel;
    - Consigner les forces;
    - Consigner les possibilités d'amélioration;
    - Identifier les écarts;
    - Identifier les risques;
    - Préparer un plan d'action.

- Il y a deux critères pour déterminer si quelque chose est une meilleure pratique de gouvernance des données pour votre organisation :

    - La meilleure pratique est-elle réaliste et applicable dans votre situation?
    - Le programme sera-t-il menacé si cette meilleure pratique n'est pas mise en œuvre?

- Souvenez-vous: choisissez vos mots, rien de tel que le présent et souligner pour préciser.

Le diagramme pyramidal ci-dessous est le meilleur moyen de visualiser un modèle opérationnel non intrusif ou un cadre de rôles et de responsabilités pour la gouvernance des données. Vous remarquerez que j'utilise le terme « modèle opérationnel ». C'est parce que les rôles et responsabilités d'un programme de gouvernance non intrusive des données jouent un rôle opérationnel crucial dans le succès ou l'échec de la gouvernance des données – des meilleures pratiques à l'acceptabilité, en passant par la pérennité.

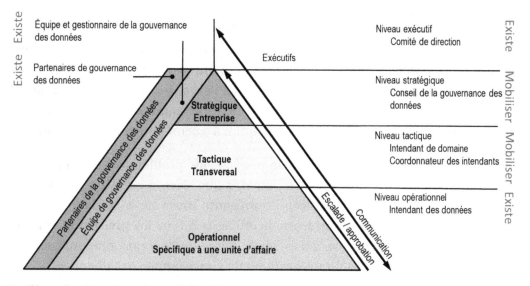

Modèle opérationnel non intrusif des rôles et responsabilités

Commençons par aborder le premier aspect que de nombreuses organisations considèrent – le modèle opérationnel. Pour comprendre ce modèle des rôles et des responsabilités, il est préférable de le voir sous la forme d'une pyramide.

Premièrement, l'espace à l'intérieur de chaque couche de la pyramide représente les niveaux de décision pour les données. Les décisions doivent être prises au niveau opérationnel si elles ne concernent que ce niveau de l'organisation. Cela signifie que la majorité des décisions seront finalement prises dans le secteur d'activité qui constitue le niveau opérationnel pour les données visées. Par conséquent, l'espace disponible au niveau opérationnel de la pyramide est plus important que celui des niveaux tactique ou stratégique.

Lorsque les décisions concernent plusieurs secteurs d'activité, elles sont prises aux niveaux tactique ou stratégique de la pyramide (ou des parties d'une organisation), où les individus et les services sont habilités à prendre des décisions pour l'entreprise concernant un certain sujet ou domaine de données. Un domaine peut être, par exemple, le client, le produit, le fournisseur, les finances, ou des sous-ensembles de ces domaines ou sujets.

Pour de nombreuses organisations, il s'agit de l'obstacle le plus difficile à franchir lorsqu'elles définissent les rôles de leur programme de gouvernance des données. À ce niveau, les silos de données sont démantelés et les données sont partagées entre les unités opérationnelles. Il n'est pas facile de trouver les personnes qui rempliront les rôles associés à la prise de décision pour un sujet spécifique de données. Parfois, ce rôle est défini par une politique. D'autres fois, ce rôle est rempli au plus haut niveau de l'organisation. Ou encore, le rôle est repris par une personne qui se porte volontaire pour jouer le rôle de facilitateur entre les secteurs d'activité, mais qui n'a aucun pouvoir de décision.

Lorsque le scénario d'un volontaire se produit, les problèmes de données sont le plus souvent transmis à la couche stratégique. Notez les flèches le long du côté droit de la pyramide. Une flèche représente une voie d'escalade et l'autre représente le besoin de communications efficaces à tous les niveaux et rôles du modèle opérationnel. Le chemin d'escalade passe de l'opérationnel au tactique, puis aux rôles stratégiques du programme de gouvernance des données.

Le chemin d'escalade ne s'étend pas jusqu'à la couche exécutive, car les problèmes de données ne sont généralement pas transmis à la direction la plus élevée d'une organisation. Pour cette raison, la couche exécutive est sans espace dans la pyramide. Souvent, les organisations considèrent que seulement cinq à dix pour cent de toutes les décisions doivent être portées à la couche stratégique. Des pourcentages plus élevés reflètent souvent les difficultés à obtenir des solutions acceptables au niveau tactique.

OÙ FAUT-IL PLACER LA GOUVERNANCE DES DONNÉES ??

Si vous avez envisagé de définir, développer et déployer un programme de gouvernance des données, vous vous êtes probablement demandé :

Où faut-il placer la gouvernance des données?

Cette question suscite généralement deux réponses : « avec les opérations » ou « avec l'informatique ». Lorsque je pose cette question, la réponse que j'entends le plus souvent est « avec les opérations ». J'aimerais que ce soit aussi simple.

Que signifie exactement qu'elle doive se situer « avec les opérations »?

- En affirmant que la gouvernance des données s'intègre dans les opérations, disons-nous que les opérations doivent gérer le programme? C'est possible. Il est également possible pour un département informatique, avec une coopération et une coordination appropriées avec les secteurs opérationnels, de gérer avec succès un programme de gouvernance des données.

- Sommes-nous en train de dire que tous les intendants de données devraient relever des opérations? Eh bien, pas exactement. Le service informatique a également des besoins en matière de données à gérer et dispose d'intendants de données pour les métadonnées techniques et tactiques et potentiellement pour les données opérationnelles.

- Sommes-nous en train de dire que puisque les opérations « possèdent » les données, leurs membres sont responsables de la qualité des données? Eh bien oui, en quelque sorte. En fait, c'est l'organisation qui est propriétaire des données, et les secteurs opérationnels qui doivent assumer une responsabilité importante pour être de bons gardiens et partager leur définition, leur production et leur utilisation afin d'améliorer la qualité, la compréhensibilité et les capacités de prise de décision.

Lorsqu'on me demande si la gouvernance des données doit se situer dans les secteurs opérationnels ou dans le département informatique, je réponds toujours « oui ». La gouvernance des données doit résider dans les deux. La discipline de la gouvernance des données ne sera pas efficace si elle est gérée dans les secteurs opérationnels sans coordination et coopération avec les départements informatiques.

La réciproque est également vraie. La gouvernance des données est généralement une chose universelle. La gouvernance des données est une initiative transversale et à l'échelle de l'organisation qui nécessite l'élimination des barrières entre l'informatique et les opérations pour les remplacer par des rôles et des responsabilités bien définis pour les secteurs opérationnels et les secteurs techniques d'une organisation. La question de savoir qui fait quoi et quand est plus importante que de savoir où.

Quel service de l'entreprise?

Cette question est simple. Mais la réponse n'est pas si simple. Le fait que la gouvernance des données soit "avec les opérations" entraîne d'autres questions. Une fois qu'il a été déterminé que le programme de gouvernance des données sera géré par les opérations, si c'est ce que l'organisation décide, la question suivante est : « Quel service de l'entreprise? » Celui responsable de la conformité doit-il gérer le programme? Qu'en est-il du groupe de gestion des risques d'entreprise, du service juridique, du service financier, du service des ressources humaines, etc. Vous pouvez constater qu'il n'existe pas de réponse simple à la question de savoir quel service ou groupe.

La réponse d'un consultant à cette question est « cela dépend ». Un bon consultant fera toujours suivre cette question de la précision suivante : « Cela dépend de... ». Voici ma liste, sous forme de questions, de ce dont cela dépend :

- Le service choisi et sa direction ont-ils le respect des autres services opérationnels et du département informatique et de leur direction?

- Ce service est-il en mesure d'obtenir la coopération et la coordination d'autres services opérationnels et informatiques et de leur?

- Ce service a-t-il la capacité de faire passer le bien-être de l'organisation en matière de données avant ses propres intérêts?

- Le service et sa direction sont-ils responsables des activités prioritaires transversales, telles que la mise en œuvre de la solution PGI (Progiciel de gestion intégré), l'entreposage des données, l'intégration des données clients et la gestion des données maîtres?

Vous remarquerez que je n'ai pas utilisé de termes comme « avoir l'autorité » et « être responsable[10] » dans ces questions. Je l'ai fait pour une raison précise. Ces termes représentent tout ce qui est *improductif* pour savoir qui sera responsable de la gestion du programme de gouvernance des données.

Ces formules donnent l'impression que le service qui gère le programme dira aux gens ce qu'ils doivent faire et comment le faire, et sera considéré comme l'organe décisionnel du programme. D'après mon expérience, cela ne pourrait être plus éloigné de la vérité. La probabilité qu'une seule unité opérationnelle soit mandatée pour une organisation peut ne pas être une réalité pour la vôtre et la perception qu'un seul service opérationnel aura l'autorité sur le reste de l'organisation peut ruiner les chances de succès d'un programme de gouvernance des données. Dans les solutions pratiques de gouvernance non intrusive des données, aucun secteur d'activité ne peut avoir l'autorité sur le reste de l'organisation ou être investi de pouvoirs. Encore une fois, repensez au concept de base de la coordination et de la coopération.

L'autorité et la responsabilisation restent des mots importants pour un programme de gouvernance des données. Les mots « autorité » et « responsabilisation » doivent être définis dans l'organisation de la gouvernance des données, en particulier lorsqu'on parle d'un conseil de la gouvernance des données. Cette instance comprend des représentants de chaque secteur d'activité et de l'informatique qui ont l'autorité et sont mandatés pour prendre des décisions sur une base stratégique et transversale.

EST-CE QUE LA GOUVERNANCE DES DONNÉES DEVRAIT ÊTRE AVEC L'INFORMATIQUE?

J'ai travaillé avec plusieurs clients qui ont lancé leur programme de gouvernance des données dans le département informatique. L'un d'entre eux souhaitait gérer son service informatique comme une unité opérationnelle. Cette entreprise avait l'intention de gérer toutes les données TI, y compris les métadonnées, les données sur le matériel, les logiciels, la configuration, les licences, les téléphones, la sécurité des données et les identifiants de connexion. L'entreprise a mis en place un programme de gouvernance des

---

[10] NdT *Empowered* en anglais

données au sein du secteur informatique afin d'être plus disciplinée dans sa façon de gérer les données de l'informatique - gouvernance des données pour l'informatique et gérée par l'informatique.

Ce que je veux dire ici, c'est qu'il n'est pas nécessaire de limiter les données gouvernables aux seules données opérationnelles. Et les intendants des données peuvent se trouver dans le domaine informatique. Les données, même les données ou métadonnées informatiques, ne se gèrent pas toutes seules.

Une grande institution financière a lancé un programme de gouvernance des données à l'échelle de l'entreprise, géré par le service informatique. La gouvernance des données a été faiblement acceptée par les cadres de l'organisation. Mais le consensus était que le service informatique n'était pas propriétaire des données. Cela a entraîné une transition réfléchie de la gestion du programme de l'informatique vers le service de gestion des risques de l'entreprise. Cette société a convenu que l'emplacement du programme de gouvernance des données n'était pas le facteur primordial. Ils ont reconnu que l'organisation de la gouvernance des données, la présence du conseil de la gouvernance des données, et la capacité des acteurs de l'entreprise à coordonner leurs efforts et coopérer dans le cadre de processus de gouvernance des données proactifs et réactifs étaient les facteurs les plus importants.

LE LEADERSHIP EST LE PLUS IMPORTANT

La meilleure réponse à la question « Où devrait se situer la gouvernance des données dans notre organisation? » est la suivante : Cela n'a pas d'importance. La gouvernance des données d'une organisation peut réussir aussi bien lorsqu'elle est gérée par un service opérationnel que par l'informatique.

Bien sûr, la décision de savoir quel secteur gérera le programme de gouvernance des données peut être importante pour le succès du programme. Cependant, ce n'est pas elle qui déterminera la probabilité de réussite d'un programme de gouvernance des données bien défini. Tant que les secteurs opérationnels et informatiques coordonnent leurs efforts, utilisent un conseil de la gouvernance des données comme ressource stratégique, coopèrent dans les activités de gestion des données stratégiques et agissent dans le meilleur intérêt de l'organisation en matière de données, l'emplacement de la gestion du programme de gouvernance des données n'est pas la question la plus importante à laquelle il faut répondre. Lorsque vous tentez d'identifier la meilleure personne pour diriger le programme de gouvernance des données de votre organisation, vous avez deux options. Vous pouvez affecter de l'intérieur ou embaucher de l'extérieur.

AFFECTER DE L'INTÉRIEUR

Un initié ayant déjà des relations d'affaires et une connaissance approfondie des données et des rouages internes de votre organisation devrait être envisagé en premier lieu pour diriger votre programme de gouvernance des données. Cette personne, conseillée par quelqu'un qui a déjà parcouru ce chemin, peut exploiter ses connaissances et ses relations tout en ayant accès à une base de connaissances approfondie, à l'expérience et aux compétences nécessaires pour adapter les composants avec succès dans plusieurs circonstances et cultures.

En règle générale, une personne possédant une compréhension détaillée de l'organisation et des relations de travail internes appropriées peut devenir compétente dans l'administration de la gouvernance des données. Il s'agit de la personne la plus efficace pour gérer un programme de gouvernance non intrusive des données réussi et durable pour votre organisation.

EMBAUCHER DE L'EXTÉRIEUR

Une personne extérieure ayant l'expérience de la mise en œuvre de la gouvernance des données dans une autre organisation devrait être la première à vous dire que les programmes de gouvernance des données fonctionnent mieux lorsqu'ils sont définis, conçus, développés et déployés spécifiquement pour fonctionner dans la culture de l'organisation. La connaissance des composantes du déploiement d'un programme de gouvernance des données est essentielle au succès de la personne qui occupe ce poste.

Mais cela ne garantit pas que les méthodes utilisées auparavant par une personne extérieure fonctionneront dans votre organisation. Le fait de ne pas connaître les nuances des données de votre organisation ou la façon dont elles sont gérées ou non, de ne pas connaître les niveaux de redevabilité existants pour les données d'entreprise et de ne pas avoir établi de relations de travail avec les secteurs opérationnels et techniques de votre organisation désavantagera cette personne.

Éléments essentiels

- La première et la plus fondamentale des questions que se posent les organisations pour définir les rôles et les responsabilités d'un programme de gouvernance des données est *où faut-il placer la gouvernance des données*?

- De nombreuses organisations pensent que la gouvernance des données ne sera couronnée de succès que si le programme se trouve au sein d'un service opérationnel. Il s'agit d'une conception erronée.

- Il y a des facteurs à prendre en compte dans le choix de la bonne personne pour diriger le programme de gouvernance des données, et il y a des avantages et des inconvénients à embaucher de l'extérieur ou à affecter de l'intérieur.

Dans ce chapitre, je vais commencer à parcourir les couches du modèle opérationnel où les personnes des secteurs opérationnels assument les niveaux appropriés de redevabilité associés aux différents rôles du modèle. Autrement dit, on commence à aborder les couches du diagramme pyramidal de bas en haut, en débutant par les différents types d'intendants de données au niveau des couches opérationnelles.

Le chapitre 7 traite de la couche opérationnelle du modèle opérationnel. Les intendants opérationnels des données se trouvent dans cette couche.

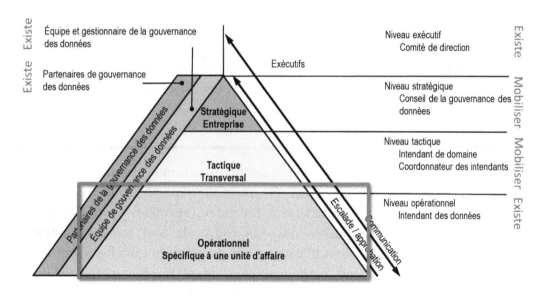

Modèle opérationnel non intrusif des rôles et responsabilités avec mise en évidence du niveau opérationnel.

INTENDANT OPÉRATIONNEL DES DONNÉES

Si vous souscrivez à l'approche de gouvernance non intrusive des données, des intendants opérationnels des données existent déjà au sein de l'organisation.

Si c'est nouveau pour vous, veuillez relire les sections précédentes pour mieux comprendre pourquoi et comment je qualifie cette approche de non intrusive. Dans le cadre de leurs activités quotidiennes, les intendants opérationnels des données ont un certain niveau de responsabilité, mais pas nécessairement d'autorité, sur les données qu'ils définissent, produisent et utilisent.

Il y a plusieurs années, le chef du service informatique (CIO) d'une organisation gouvernementale m'a dit :

> *Si vous pouvez voir les données, vous êtes responsable de la manière dont vous utilisez les données que vous pouvez voir. Si vous pouvez mettre à jour les données, vous êtes responsable de la manière dont vous mettez à jour ou saisissez les données. Si vous définissez les données utilisées par votre branche de l'organisation, vous avez la responsabilité de vous assurer qu'elles respectent les normes de définition de ces données.*

Cette simple déclaration décrit parfaitement comment un intendant opérationnel des données devient un intendant opérationnel des données.

RÈGLES POUR DEVENIR UN INTENDANT DES DONNÉES

On m'a récemment demandé si tout le monde dans une organisation est un intendant opérationnel des données. On pourrait répondre par l'affirmative, car tout le monde, à un moment ou à un autre, entre en contact avec des données ou utilise des données dans le cadre de son travail quotidien. L'engagement formel ou la sensibilisation aux données de tous les membres de l'organisation n'est pas une mauvaise idée. Mais impliquer formellement chaque personne de la même manière n'est pas une bonne idée. Je m'explique.

UN INTENDANT DES DONNÉES PEUT ÊTRE VRAIMENT N'IMPORTE QUI

Si vous suivez l'approche de la gouvernance non intrusive des données ou si vous y croyez, vous m'avez entendu dire que vous ne pouvez pas aller voir chaque intendant des données, lui dire « C'est toi » et attendre de lui qu'il commence à faire son travail d'intendant. Ce n'est pas comme ça que ça fonctionne.

Mais je dis que chaque personne qui définit, produit et utilise des données dans votre organisation a un certain niveau de redevabilité ou de responsabilité quant à la façon dont les données sont définies, produites et utilisées. Les personnes en première ligne sont responsables de la saisie correcte et précise des données; les personnes qui définissent les données sont responsables de s'assurer qu'elles ne redéfinissent pas quelque chose qui a déjà été défini auparavant. Enfin, les personnes qui utilisent les données sont responsables de la manière dont elles les utilisent.

Le problème est que ces niveaux de redevabilité sont souvent informels, inefficaces et inefficients lorsqu'il s'agit de mettre en place la redevabilité nécessaire à un environnement adéquat pour la gestion de vos données.

Encore une fois, c'est le concept principal de l'approche de la gouvernance non intrusive des données. Si nous parvenons à formaliser la redevabilité de ces intendants des données et à convaincre la direction et les intendants qu'ils gèrent déjà en grande partie les données, la communication avec tout le monde, de la direction générale jusqu'aux échelons inférieurs, sera beaucoup plus facile à accepter. J'entends déjà les intendants des données dire : « Vous dites que je fais déjà tout ça? ». Bien sûr, votre réponse sera : « Oui, nous voulons simplement officialiser certaines des choses que nous faisons déjà ». Et leur réponse serait, « Oh, ok, je pense que je comprends maintenant. »

ÊTRE UN INTENDANT DES DONNÉES, C'EST UNE RELATION AVEC LES DONNÉES, PAS UNE FONCTION

À mon avis, être un intendant de données n'est ni un poste ni un titre. Il s'agit d'une relation entre une personne et des données, qu'il s'agisse d'un élément de données, d'un ensemble de données, d'un domaine, d'une application, d'une base de données – quel que soit le niveau de détail que vous souhaitez atteindre dans cette association entre l'intendant et les données.

Ceux qui définissent les données dans le cadre de leur travail devraient avoir la responsabilité formelle de s'assurer qu'ils consignent et communiquent une description solide des données qu'ils définissent. Ou peut-être devraient-ils être redevables de l'identification et de l'utilisation de données qui existent déjà ailleurs. Ou encore, ils devraient avoir la redevabilité de faire participer les personnes appropriées aux efforts de définition des données.

Cette personne peut être associée à l'informatique décisionnelle, à la gestion de la relation client, à la planification des ressources de l'entreprise, à la gestion des données maîtres, aux mégadonnées, à la mise en œuvre de progiciels ou aux efforts visant à utiliser l'infonuagique pour la gestion des données. L'approche de la gouvernance non intrusive des données prévoit que les intendants de la définition des données deviennent formellement responsables de la qualité de ces définitions.

Ceux qui produisent des données dans le cadre de leur travail devraient avoir la responsabilité formelle de s'assurer que les données sont produites conformément aux règles métier, idéalement consignées, pour ces données. Ou peut-être devraient-ils avoir la responsabilité de s'assurer que les données qu'ils produisent sont saisies dans le système ou ailleurs en temps voulu. Ou encore, ils devraient avoir la responsabilité de s'assurer que les personnes appropriées sont informées lorsque les données sont mises à jour, lorsque le niveau de confiance dans l'exactitude des données est faible ou lorsque les données n'ont pas été reçues. Cette personne peut être une personne chargée de la saisie des données, un intégrateur de données, un analyste de données, un producteur de rapports, ou une personne impliquée dans l'un des efforts décrits dans le paragraphe ci-dessus. L'approche de gouvernance non intrusive des données prévoit que les intendants de la production des données deviennent officiellement redevables de la production des données.

Il ne reste plus que les intendants de l'utilisation des données. Toute personne qui utilise des données dans le cadre de son travail doit être tenue responsable de la manière dont elle utilise ces données. Cela signifie que le programme de gouvernance des données doit se concentrer dès le début sur le recensement et la diffusion des règles (réglementation, conformité, classification et la gestion des risques) associées à l'utilisation des données.

L'intendant de l'utilisation des données doit être tenu formellement responsable des personnes avec lesquelles il partage les données. Il doit être redevable de la protection des données conformément aux règles consignées et publiées. Cette personne peut être n'importe qui dans l'organisation qui utilise des données pour son travail. Il peut s'agir de n'importe qui.

Cela signifie-t-il que nous devons consigner physiquement chaque personne de l'organisation qui a un lien avec les données? Probablement pas. Devons-nous connaître chaque division, département et groupe qui définit, produit et utilise les données? Probablement oui. Vous trouverez au chapitre 11 une reproduction d'une matrice de données commune que j'ai développée et que j'ai utilisée à plusieurs reprises avec des organisations pour les aider à enregistrer officiellement qui fait quoi avec des données spécifiques au sein de leur organisation.

Le fait d'être un intendant des données (que ce soit en tant que définisseur, producteur ou utilisateur des données) et les responsabilités formelles inhérentes à cette fonction dépendent de la relation de chaque individu avec les données. Un intendant des données peut avoir deux ou trois des relations avec les données et peut alors avoir des niveaux plus élevés de redevabilité formelle. Encore une fois, tout le monde peut être intendant des données.

UN INTENDANT DE DONNÉES N'EST PAS EMBAUCHÉ POUR ÊTRE UN INTENDANT DES DONNÉES

J'ai vu des organisations afficher des postes équivalents temps plein (ETP) pour les intendants de données. Je pense que c'est une erreur pour la plupart des organisations. Comme vous pouvez le constater d'après mes explications, je pense que les intendants des données existent déjà dans votre organisation et qu'il peut s'agir de n'importe qui.

J'en fais une règle car les personnes de votre environnement sont déjà les intendants des données, même si elles ne se considèrent pas officiellement comme telles. Les intendants ne sont embauchés que si vous recrutez pour d'autres postes, car tout poste est susceptible de définir, produire ou utiliser des données dans le cadre de ses responsabilités.

Dans mon modèle opérationnel des rôles et responsabilités, je fais la différence entre les intendants des données opérationnelles, décrits dans la règle précédente, et les intendants des domaines de données au niveau tactique. L'intendant de domaine de données a généralement un niveau de responsabilité formelle, ou même parfois une autorité, pour prendre des décisions concernant un domaine spécifique ou un sujet de données pour l'ensemble de l'organisation ou pour toute partie de l'organisation placée sous les soins du programme de gouvernance des données.

Certaines organisations désignent les intendants du domaine des données par le biais de directives et de politiques officielles. Une grande université avec laquelle j'ai récemment travaillé a fait de la classification des données le principal motif de son programme de gouvernance des données. La politique de classification précisait que le registraire était le fiduciaire – un autre nom pour l'intendant de domaine – des données des étudiants, que le contrôleur était le fiduciaire des données financières et que le vice-président des ressources humaines était le fiduciaire des données des employés. Cette façon de faire est de plus en plus courante, contrairement à ce que l'on pourrait croire.

Il est logique que les organisations précisent, par poste au sein de l'organisation, les personnes qui assument les responsabilités de l'intendant de domaine de données. Dans certaines organisations, cette personne n'est pas l'autorité absolue sur le sujet des données. Pourtant, cette personne est tenue en assez haute estime dans l'organisation pour s'assurer que les données de son domaine sont gérées correctement.

Lorsque l'intendant de domaine de données n'a pas l'autorité pour prendre des décisions pour l'organisation, il incombe au conseil de la gouvernance des données au niveau stratégique de prendre ces décisions. D'après mon expérience, les décisions relatives aux données sont rarement transmises au niveau exécutif au-dessus du conseil.

UN INTENDANT DES DONNÉES N'A PAS BESOIN DU TITRE D'INTENDANT DES DONNÉES

Si tout le monde est intendant des données, il n'y a aucune raison de changer les titres des postes. Cela ne risque-t-il pas de prêter à confusion? Comme je l'ai dit précédemment, toute personne, quel que soit son titre, peut être un intendant des données. Par conséquent, et pour rester moins intrusifs, nous devrions permettre aux personnes de conserver leurs titres actuels et les informer des redevabilités officielles qui accompagnent leurs relations avec les données. Dans la plupart des cas, cela n'entraînera pas de changement majeur dans le travail des intendants des données. Cela ne signifie pas qu'il n'y aura pas de modification du travail, mais seulement qu'il ne s'agira pas d'une redéfinition de leur poste ou de ce qu'ils font.

Il en va de même pour l'intendant de domaine de données. Un contrôleur n'a pas besoin d'être appelé intendant de domaine des données financières et un registraire n'a pas besoin d'être appelé intendant de domaine des données des étudiants. Le plus important est que ces personnes soient reconnues comme les personnes remplissant le rôle d'intendant de domaine de données.

UN INTENDANT DES DONNÉES N'A PAS BESOIN QU'ON LUI DISE COMMENT EFFECTUER SON TRAVAIL

Un grand débat a lieu actuellement sur la question de savoir si les intendants des données ont besoin d'être éduqués sur la façon d'être des intendants des données et si ceux-ci peuvent être certifiés en tant qu'intendants des données. La réponse à ces deux questions est que cela dépend. Et de quoi cela dépend-il?

D'après mon expérience, il n'est pas nécessaire d'enseigner aux intendants des données comment devenir des intendants des données. Au contraire, ils peuvent être instruits sur les formalités de leurs relations existantes avec les données. Une personne qui utilise des données doit savoir ce qu'elles signifient, d'où elles proviennent, comment elles peuvent être utilisées ou non, comment elles peuvent être partagées ou non, etc. Une personne qui produit des données doit être informée de l'impact de la manière dont les données sont saisies et des directives relatives à la production de ces données. Je pense que vous comprenez ce que je veux dire.

D'une certaine manière, on pourrait dire que les intendants des données ont besoin qu'on leur explique ce que signifie cette formalité et comment être les meilleurs intendants de données possible. La question qui se pose alors est la suivante : « Cela signifie-t-il que nous devons dire aux intendants des données comment faire leur travail? » Et à cette question, je réponds par un retentissant « Non! ». Nous n'avons pas à apprendre aux intendants des données comment effectuer leur travail.

LA CERTIFICATION PUBLIQUE OU INDUSTRIELLE D'INTENDANT DE DONNÉES EST UN NON-SENS

Voici la seconde moitié de la réponse aux questions soulevées par la règle précédente. Je crois fermement que les intendants des données ne peuvent pas être certifiés. Chaque intendant de données a une relation différente avec les données et, par conséquent, une responsabilité différente, certains avec une redevabilité formelle et d'autres sans.

Je sais que certains organismes se concentrent sur la création d'un programme d'accréditation pour devenir un intendant de données certifié. Mais je suis contre cette idée.

Je ne suis pas contre le fait qu'une organisation de praticiens ou une entreprise mette en place des qualifications et des formations internes pour leurs intendants afin de les certifier dans leur position d'intendants des données spécifiques qu'ils définissent, produisent et utilisent. Comprenez bien cette distinction. Certification par l'organisation, oui. Il existe des cas bien documentés d'organisations certifiant leurs propres intendants de données. Certification industrielle ou publique, non.

Demander à une grappe industrielle de certifier les intendants de données reviendrait à leur dire comment effectuer leur travail. Et vous savez déjà que ce sujet est couvert par une règle précédente.

Vous me direz peut-être que les intendants des données pourraient être éduqués mais pas certifiés sur les types d'activités qui vont de pair avec leur relation aux données de leur organisation. Cela peut aller de la façon d'accéder aux métadonnées et aux règles métier concernant les données aux processus formels à suivre, en passant par la méthode pour faire approuver, modifier, communiquer ou retirer quelque chose. J'ai du mal à comprendre comment une personne extérieure à une organisation et à sa culture peut fournir ce niveau de certification d'intendant des données de l'industrie.

Pour résumer ces points, permettez-moi d'affirmer à nouveau que les intendants des données doivent être éduqués sur les responsabilités formelles associées à leur relation aux données. Cette formation peut inclure les règles de sécurité de l'information et des données opérationnelles, les règles de conformité et de réglementation, les normes et les processus qui ont été définis – si ce n'est pas le cas, ils doivent l'être – pour leur relation avec les données.

C'est pourquoi je dis « fumisterie »[11] à la certification d'intendant des données au niveau de l'industrie. Et j'en fais l'une de mes règles pour être un intendant des données.

---

[11] NdT : « *Bah Humbung* » dans le texte original

IL EXISTE PLUS D'UN INTENDANT DE DONNÉES POUR CHAQUE TYPE DE DONNÉES

Je ne peux pas vous dire combien de fois j'ai commencé à travailler avec une organisation où un certain nombre de personnes pointent du doigt des individus en disant : « Jean, c'est notre intendant des données clients ». Et « Marie, là-bas, c'est notre intendant des données sur les produits. » Et « Michel est notre intendant des données des employés. »

Identifier les gens de cette façon n'est pas correct. Du moins, pas si vous suivez les règles que j'ai décrites ci-dessus. N'oubliez pas que dans l'approche de gouvernance non intrusive des données, l'idée qu'il n'y ait qu'un seul intendant des données par type, catégorie ou sujet n'est pas valable. À moins que vous ne parliez d'intendants de domaine de données qui pourraient se voir confier le rôle d'intendants du domaine de données clients, du domaine de données produits et ainsi de suite. Ces personnes ont une redevabilité à travers les départements de l'entreprise. N'oubliez pas d'insérer le mot domaine ou sujet dans l'intitulé du rôle, afin de définir clairement ses responsabilités.

La vérité est qu'il existe de nombreux intendants des données pour presque tous les types de données qui existent dans votre organisation, si l'on inclut chaque personne qui a une relation avec les données. Devons-nous savoir exactement qui sont toutes ces personnes et les appeler intendants des données? Non. Devons-nous savoir qu'il existe des personnes ayant une relation avec un type particulier de données dans une certaine partie de l'organisation? Oui. Sinon, comment pourrons-nous communiquer avec elles au sujet de ces données? Nous devons savoir où sont les intendants des données.

LA FORMATION DES INTENDANTS DES DONNÉES DEVRAIT ÊTRE AXÉE SUR LA FORMALISATION DE LA REDEVABILITÉ.

Plutôt que de certifier des individus en tant qu'intendants des données, un programme de gouvernance des données de votre organisation devrait se concentrer sur la formation des intendants des données sur les responsabilités formelles de leurs relations spécifiques aux données. Les définisseurs reçoivent une formation sur les responsabilités liées à la définition des données. Les producteurs sont formés sur les responsabilités liées à la production de données. Enfin, et c'est peut-être le plus important, les utilisateurs reçoivent une formation sur les responsabilités liées à l'utilisation des données.

Finalement, les personnes qui entretiennent activement deux ou trois de ces relations reçoivent une formation sur la gouvernance des données pour toutes celles qui les concernent.

Pas seulement une formation générale sur ce que font les intendants de données. Je parle d'une formation qui porte spécifiquement sur la définition, la production et l'utilisation des données qu'ils utilisent ou dont ils assurent la gestion dans le cadre de leur travail quotidien.

Cela peut être effrayant pour certaines organisations, car elles n'ont peut-être pas défini les redevabilités de chaque relation pour chaque type de données d'une manière qui partageable avec leurs intendants de données. Cela vous donne un point de départ pour votre programme de gouvernance des données.

Si vous, en tant que responsable du programme de gouvernance des données, n'avez pas défini la signification de ces relations, les redevabilités formelles qui vont de pair avec ces relations, ou les règles spécifiques associées à la manière dont les données peuvent être définis, produits et utilisés, comment voulez-vous que les intendants des données sachent ce qu'il faut faire? Encore une fois, ceci vous donne un bon point de départ.

Éléments essentiels

- Un intendant des données peut être n'importe qui.

- Être un intendant des données décrit une relation avec les données, ce n'est pas un poste.

- Une personne n'est pas embauchée pour être un intendant des données.

- Un intendant des données n'a pas besoin du titre d'intendant des données.

- Un intendant des données n'a pas besoin qu'on lui dise comment effectuer son travail.

- La certification industrielle d'intendant des données est un non-sens.

- Il existe plus d'un intendant des données pour chaque type de données.

Au cours de mes mandats de conseil, de mes cours ou de mes présentations lors de conférences, je fais souvent référence à la couche tactique comme étant le plus grand obstacle que les organisations doivent surmonter lors de la mise en œuvre de programmes de gouvernance des données.

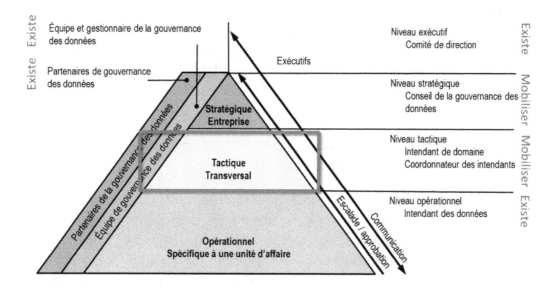

Modèle opérationnel non intrusif des rôles et responsabilités avec mise en évidence du niveau tactique.

De nombreuses organisations ont pris l'habitude de fonctionner en silos, même si elles reconnaissent que cela est à l'origine de leurs problèmes de données. Le passage à une perspective tactique et transversale, souvent qualifiée « d'entreprise », s'accompagne le plus souvent de désagréments, de batailles politiques, de divergences d'opinions et d'une charge de travail considérable. Il n'est pas étonnant que les gens ne souhaitent pas gravir cette montagne.

Identifier un ou plusieurs responsables de la perspective de l'entreprise pour un sous-ensemble de données de l'entreprise peut également constituer un défi.

Pour répondre au besoin de gestion tactique des données entre les secteurs d'activité, il faut qu'une personne occupant un poste spécifique soit responsable de cette vision transversale à un niveau inter-opérationnel et géré. Cette personne est l'intendant de domaine de données.

PERSPECTIVE DES DONNÉES D'ENTREPRISE À TRAVERS LES DOMAINES

Il devrait être évident qu'une seule personne ne peut pas gérer toutes les données intersectorielles. Il est donc important de séparer les données qui traversent les unités opérationnelles ou les services fonctionnels en sous-ensembles ou groupes, pour ainsi dire, de données d'entreprise. J'appelle ces ensembles des domaines de données. La principale responsabilité de l'intendant de domaine de données est d'être redevable de la manière dont les données de son domaine sont gérées. Cette responsabilité peut être importante en fonction du domaine de données.

D'après mon expérience, il existe trois façons principales de définir les domaines de données d'une organisation :

1. **Par sujet.** Il s'agit de l'approche la plus courante. La question se pose toujours de savoir quel est le niveau de granularité approprié pour définir les domaines. Le terme « client » peut être trop vaste et complexe, tandis que « adresse postale du client » peut être trop granulaire. On m'a récemment demandé : « Combien de domaines de données aurai-je besoin, et quel est le nombre typique de domaines identifiés dans d'autres organisations? » Il n'est pas simple de répondre à cette question. La réponse dépend de la complexité des données et de la capacité à associer des responsabilités à des ensembles d'éléments de données. Certaines organisations commencent à un niveau plus élevé, moins granulaire, et décomposent les domaines en sous-domaines, voire en sous-sous-domaines, si le besoin s'en fait sentir. Plus le niveau est granulaire, plus il y a d'intendants de domaine. Il s'agit d'une simple règle empirique, mais cela ne signifie pas nécessairement que tous les domaines ont la même granularité ou qu'un intendant de domaine de données ne peut pas être responsable de plus d'un domaine. Parfois, lorsque les données ne correspondent pas parfaitement à un domaine ou

à un autre, elles peuvent être associées à plus d'un domaine. Cette approche n'est pas recommandée, mais elle est parfois inévitable.

2. **Par les ressources de données de niveau 1 et de niveau 2.** Il s'agit de la deuxième approche la plus courante. Les ressources de données de niveau 1 sont définies dans ce contexte comme des systèmes opérationnels ou des données qui répondent aux besoins d'une seule unité opérationnelle ou d'un seul domaine fonctionnel. Les données de niveau 1 répondent à des besoins opérationnels spécifiques et sont généralement qualifiées « d'autonomes » au sein d'une unité opérationnelle. Parfois, les données de niveau 1 peuvent être gérées localement ou même au niveau des postes de travail ou des serveurs de l'unité. Les ressources de données de niveau 2 sont dérivées à partir de plusieurs données de niveau 1 qui sont alimentées dans des entrepôts de données, des magasins de données, des solutions de gestion des données maîtres, des progiciels de gestion intégrés ou des ensembles de données intégrés – tout endroit où les données sont partagées entre les unités opérationnelles ou les domaines fonctionnels. Le problème de la définition des domaines par les ressources de données de niveau 2 est que les données tombent souvent dans de nombreux domaines, ce qui rend le programme de gouvernance des données encore plus complexe.

3. **Par unité organisationnelle.** Cette approche est rarement, voire jamais, utilisée. De nombreuses organisations ont essayé, sans succès, de définir des domaines par unités organisationnelles, car cette approche favorise le cloisonnement de la vision et de la gestion des données.

La personne ayant la perspective d'entreprise d'un domaine, généralement un sujet de données, joue un rôle central dans l'exécution du programme. Cette personne est appelée l'intendant de domaine de données.

INTENDANT DE DOMAINE DE DONNÉES

Un intendant de domaine de données peut être ou non un décideur pour un domaine de données, ou en général. Le fait que l'intendant de domaine de données soit ou non un décideur dépend souvent du poste identifié comme intendant de domaine et des responsabilités généralement associées à ce poste. Certaines organisations identifient les intendants de domaine de données par le biais d'une politique approuvée et confèrent au poste défini le rôle de décideur pour leurs domaines.

De l'autre côté du spectre, des organisations ont pris des volontaires pour représenter les domaines de données en tant que médiateurs pour résoudre les problèmes liés aux données de ce domaine. Il n'y a pas de bonne ou de mauvaise réponse, mais une chose est sûre : Les organisations reconnaissent la nécessité d'évoluer vers une perspective d'entreprise ou de domaine de données.

DÉCIDEUR OU MÉDIATEUR?

Étant donné qu'il n'existe pas une seule unité spécifique de l'organisation associé à tous les intendants de domaine de données, il est difficile d'affirmer que les intendants de domaine de données sont toujours les décideurs. Parfois, les intendants de domaine de données sont en position d'autorité ou ont la capacité de trancher les conflits entre les unités opérationnelles. À d'autres moments, les intendants de domaine des données ont moins d'autorité et deviennent des médiateurs ou facilitateurs dans l'établissement de normes et la résolution de problèmes avec l'intention de résoudre les problèmes entre les divisions opérationnelles sans escalader la prise de décision jusqu'au conseil de la gouvernance des données au niveau stratégique.

COMMENT IDENTIFIER UN INTENDANT DE DOMAINE DE DONNÉES?

Les intendants de domaine de données relèvent généralement d'un secteur d'activité ou d'une unité opérationnelle spécifique et ont un titre autre que celui d'intendant de domaine de données. Lorsque cette personne joue son rôle d'intendant de domaine, l'allégeance à son unité opérationnelle doit être mise en veilleuse. Un intendant de domaine de données doit être capable de se concentrer sur la perspective de l'entreprise plutôt que sur les intérêts spécifiques d'une unité opérationnelle.

L'incapacité d'agir au niveau de l'entreprise conduira à l'incapacité de gagner la confiance et le soutien de l'entreprise pour les décisions prises ou les recommandations pour les décisions à prendre venant de cette position.

Les intendants de domaine de données sont généralement désignés de l'une des façons suivantes :

- Un intendant de domaine de données est le poste ou la personne logique considérant le domaine des données. Dans une université, l'intendant de domaine des informations relatives aux dossiers des étudiants peut être le registraire. Le directeur des ressources humaines, ou une personne désignée par lui, peut être un choix logique comme intendant de domaine des données RH. Le directeur du marketing pourrait être l'intendant de domaine des données de marketing, et ainsi de suite.

- La sélection de vos domaines peut rendre plus ou moins difficile la sélection logique du poste d'intendant de domaine de données. S'il devient difficile d'identifier un poste logique pour être l'intendant de domaine, on peut considérer diviser le domaine des données en plusieurs sous-domaines qui nécessiteraient leurs propres intendants.

- Les intendants de domaine peuvent être désignés par le conseil de la gouvernance des données. Parfois, le conseil nomme les intendants de domaine de données. Cela fonctionne dans certains cas, car le conseil recherche des personnes aptes à jouer le rôle d'intendant de domaine. La sélection des intendants de domaine peut sembler contraire à l'approche non intrusive de la gouvernance des données que j'ai mentionnée précédemment. Peut-être, mais le fait de reconnaître un tel intendant, en raison de son niveau de connaissance ou de redevabilité pour un domaine ou un sujet de données spécifique, peut avoir une connotation positive de responsabilité accrue pour l'organisation. En affectant une personne pour ce rôle, il faut tenir compte de sa charge de travail existante. Donner une responsabilité à quelqu'un qui n'a pas la capacité d'assumer cette fonction peut conduire à une incapacité à gérer des domaines de données dans une perspective d'entreprise.

- Les intendants de domaine peuvent être identifiés par une politique. J'ai vu des organisations identifier leurs intendants de domaine dans leurs politiques sur les opérations de données, la classification des données, la sécurité des données ou la confidentialité. Là encore, les auteurs de la politique font de leur mieux pour sélectionner le poste logique pour remplir le rôle d'intendant de domaine de données. Dans tous les cas, la charge de travail existante de la personne sélectionnée devient importante.

- Les intendants de domaine de données peuvent se porter volontaires pour ce rôle. J'ai vu des personnes être volontaires pour être les intendants d'un domaine de données particulier. J'ai entendu un quelqu'un dire : « Je ne sais peut-être pas tout ce qu'il faut savoir sur ce domaine, mais je ferai mon possible pour faciliter l'application des normes en matière de données dans mon domaine et la résolution acceptable des problèmes liés aux données dans ce domaine. »

Comme vous pouvez le constater, il n'existe pas de moyen unique d'identifier le poste qui devrait être associé à la gestion d'un domaine de données.

CARACTÉRISTIQUES D'UN INTENDANT DE DOMAINE DE DONNÉES

Voici une liste de profils de personnalité et de qualités humaines que j'ai trouvés utiles pour identifier les personnes susceptibles d'être des intendants de domaine des données :

- Les intendants de domaine des données doivent avoir une vision de ce que peut devenir l'intégration des données au sein du département, avoir la capacité de transmettre cette vision aux autres et aligner toutes les activités liées aux données sur les objectifs de l'organisation.

- Les intendants de domaine des données sont rarement satisfaits de la façon dont les données sont gérées. Ils recherchent continuellement des moyens d'améliorer le statu quo de la gestion des données et s'efforcent constamment d'améliorer la façon dont les données sont définies, produites et utilisées.

- Les intendants de domaine des données doivent être capables de motiver l'organisation à intégrer les données en incluant toutes les parties intéressées ou mandatées pour intégrer leurs données.

- Les intendants de domaine des données doivent donner l'exemple d'un comportement lié aux données au sein du service. Ils doivent montrer chaque jour et dans tout ce qu'ils font le comportement qu'ils exigent du service en matière de données.

- Les intendants de domaine des données doivent avoir l'esprit d'équipe. Ils doivent développer et aider à atteindre des objectifs communs et avoir un objectif partagé concernant leur domaine spécifique et ses liens avec les objectifs organisationnels. Ils doivent être capables de tirer parti de leurs forces, de se tourner vers les autres au besoin et de se tenir mutuellement responsables lorsqu'ils sont interdépendants.

- Les intendants de domaine des données doivent faire preuve de diplomatie lorsqu'ils traitent avec d'autres intendants. Le conflit est un élément inévitable du travail en équipe, car les gens sont différents les uns des autres, les situations sont souvent ambiguës et les valeurs peuvent différer. L'incapacité à gérer les conflits limite sérieusement le travail d'équipe. Les intendants des données doivent avoir l'intérêt personnel, la capacité intuitive et les compétences en communication nécessaires pour faciliter la résolution des problèmes afin de parvenir à un résultat gagnant-gagnant.

QUE FONT LES INTENDANTS DE DOMAINE DE DONNÉES ET QUAND INTERVIENNENT-ILS ??

Ces deux questions sont peut-être les plus importantes auxquelles il faut répondre. Voici quelques exemples de ce que font les intendants de domaine de données et du moment où ils interviennent :

- Un intendant de domaine de données est impliqué dans l'élaboration de normes pour les éléments de données de son domaine. Cette définition des normes intervient lors de l'intégration de données ou du développement d'une nouvelle ressource de données, comme un entrepôt de données d'entreprise, une solution de gestion des données maîtres et l'implémentation de progiciels comme les solutions de gestion intégrés. L'intendant de domaine de données est chargé de faire en sorte que les gens s'entendent sur la composition des données à venir.

- Un intendant de domaine de données s'implique dans la résolution des problèmes relatifs aux données de son domaine. Il s'agit souvent d'un ajout au point précédent. Les divergences d'opinion sont inévitables lorsque le développement des ressources de données dans le passé a été empreint d'autonomie, que ce soit à dessein lors de fusions et d'acquisitions, ou par manque de gestion de la manière dont les données ont été définies, produites et utilisées antérieurement. Il est souvent difficile de rassembler des données disparates lorsque des données identiques ou similaires sont définies de plusieurs façons. L'intendant de domaine de données doit régulièrement décider de la composition des données intégrées et de la manière dont les données provenant de sources disparates sont mises en correspondance avec ces dernières.

- Un intendant de domaine de données est impliqué lorsqu'il devient important de documenter et de communiquer les règles et réglementations relatives aux données de son domaine. L'intendant de domaine de données, ou une personne désignée, est le poste approprié pour avoir la responsabilité de documenter la classification des données (publique, sensible, restreint, sécurisé) et la façon dont les règles métier autour des données dans un domaine sont auditées et réglementées. L'intendant de domaine de données a la responsabilité de s'assurer que cette documentation est recueillie, consignée, communiquée et partagée entre toutes les parties prenantes des données. Il n'est plus acceptable pour une entreprise ou un employé de dire : « Je ne connaissais pas les règles ». Le gouvernement s'en est occupé pour nous, des sanctions sévères et des niveaux de risque sont associés à l'ignorance.

- Un intendant de domaine de données s'implique dans de nouveaux projets où les données de son domaine sont définies, produites et utilisées. Souvent, ces projets peuvent se dérouler sur de longues durées. Cela ne veut pas dire que l'intendant de domaine participe à toutes les étapes de ces projets. En général, on lui demande de participer aux activités qui se concentrent sur la définition des normes et la résolution des conflits entre les unités opérationnelles concernant les données de son domaine. Le reste des activités d'intendance est généralement confié aux intendants opérationnels des données, qui définissent, produisent et utilisent quotidiennement les données au sein de leurs divisions ou services respectifs.

L'intendant de domaine de données joue un rôle central dans la réussite d'un programme de gouvernance des données. Identifier les domaines de données, désigner les intendants des domaines de données et permettre à ces derniers de gérer avec succès les données dans l'ensemble de l'entreprise est une première étape dans le développement d'un programme de gouvernance des données.

COORDONNATEUR DES INTENDANTS DES DONNÉES

Pour gérer ou surveiller les activités des nombreux intendants opérationnels des données dans chaque division ou service, une bonne pratique de gouvernance des données veut que quelqu'un soit chargé de coordonner leurs activités. Le plus souvent, les intendants opérationnels des données ne se gèrent pas eux-mêmes. Comme son nom l'indique, le coordonnateur des intendants de données est chargé, au sein d'une unité opérationnelle ou d'un service fonctionnel, de coordonner les activités des intendants de données.

Cette responsabilité permet de s'assurer que les intendants qui définissent, produisent et utilisent les données sont impliqués lorsqu'il le faut dans la promotion d'activités de gestion de données saines et dans la résolution des problèmes de qualité des données, notamment :

1. Identifier les intendants des données dans leurs unités opérationnelle ou services fonctionnels.

2. Coordonner la participation des intendants des données aux activités proactives et réactives de gouvernance des données.

3. Communiquer les changements apportés à la politique, aux règlements et aux règles en matière de données aux intendants des données concernés dans leurs unités ou services.

Un coordonnateur des intendants des données se trouve souvent au carrefour des communications et des activités de gouvernance des données. L'un des aspects les plus importants de cette responsabilité va au-delà de la coordination traditionnelle ou de la gestion des activités du personnel. À plusieurs moments critiques, les communications ont tendance à se rompre entre les départements, ce qui fait courir des risques inutiles à l'organisation. La formalisation de l'intendant de domaine de données dont il a été question précédemment implique l'identification d'une ou plusieurs personnes chargées de documenter, de connaître et de communiquer les règles relatives aux données qui font partie de leurs domaines.

DOMAINE DE DONNÉES

Les intendants sont chargés de consigner et de partager les informations relatives aux modifications apportées aux données de leur domaine. Ces informations peuvent inclure :

- Politique – Description et modification des méthodes formelles et approuvées pour définir, produire et utiliser les données.

- Règlement – Description et modification de la manière dont une entité externe dicte la façon dont les données peuvent être définies, produites et utilisées.

- Règles – Spécifications opérationnelles internes sur la façon dont les données peuvent être définies, produites et utilisées.

Alors que l'intendant de domaine de données a la responsabilité de documenter et de communiquer ces types de changements aux coordonnateurs, le coordonnateur des intendants de données a la responsabilité de communiquer ces changements aux intendants de données de leurs unités ou services affectés par les changements. Le processus de communication est ainsi bouclé. Le coordonnateur est chargé de communiquer avec les personnes concernées dans son secteur.

AFFECTER LES COORDONNATEURS DES INTENDANTS DE DONNÉES.

Les coordonnateurs des intendants de données sont généralement efficaces lorsque leurs responsabilités sont associées aux intendants de données de leurs unités et services respectifs. Par conséquent, la première étape de l'identification des coordinateurs consiste à identifier les unités ou services qu'ils représenteront. La responsabilité de décrire les unités ou services à des fins de gouvernance des données incombe généralement à l'équipe chargée d'établir le programme de gouvernance des données.

Les unités et services sont souvent identifiés à partir d'un organigramme, ou peuvent être déterminés en documentant les entreprises, divisions, départements, équipes, etc. qui composent votre organisation. Si ces unités ou services sont définies au niveau de l'entreprise, c'est cette dernière qui détermine le degré de granularité qu'elle souhaite atteindre dans leur définition. Par exemple, il n'est pas rare que les unités ou services se concentrent sur différents niveaux, certains au niveau du département et d'autres au niveau de la division.

Une fois la définition des unités ou des services achevée, le plus haut gestionnaire du groupe le moins granulaire identifie ou désigne une personne logique – parfois, mais pas toujours, en fonction de son poste – pour aider à coordonner les activités des intendants de son groupe et servir de personne-ressource pour les communications axées sur les données.

RESPONSABILITÉS DU COORDONNATEUR DES INTENDANTS DE DONNÉES

Le coordonnateur des intendants de données peut être responsable d'une, de plusieurs ou de toutes les tâches suivantes :

- Identifier les intendants opérationnels des données par domaine pour leurs unités. Cela nécessite généralement du temps de recherche et d'inventaire pour le coordonnateur de l'intendant des données.

- Agir en tant que correspondant pour la distribution des règles et règlements par domaine de données aux intendants opérationnels dans leurs unités et s'assurer qu'ils comprennent les règles et les risques.

- Agir en tant que point de communication pour son unité afin de documenter et de communiquer les problèmes relatifs à des domaines de données spécifiques à l'intendant de domaine de données approprié.

- Agir en tant que personne de référence dans la matrice commune de données, ou dans le référentiel des intendants de données, conformément à un processus régulier de contrôle des changements. Un processus régulier de contrôle des changements est mis en place selon un calendrier précis afin de s'assurer que tous les changements qui nécessitent une modification de la matrice commune de données sont saisis en temps opportun et de manière régulière.

- Travailler aux côtés des intendants de domaines de données et des intendants opérationnels de données au sein d'équipes tactiques spécifiques d'intendants de données mises en place pour la durée de la résolution de problèmes ou de tâches axées sur des projets.

- Rechercher exactement comment et quelles données sont définies, produites et utilisées dans leurs unités/services et par qui.

Éléments essentiels

- Le coordonnateur des intendants de données n'a généralement pas de pouvoir de décision mais joue un rôle central dans la gouvernance des données et la réussite de l'intendance des données.

- Un intendant de domaine de données est le poste ou la personne logique considérant le domaine des données.

- Les intendants de domaine des données doivent avoir une vision de ce que peut être l'avenir de l'intégration des données au sein du département et avoir la capacité de transmettre cette vision aux autres.

- Les intendants de domaine des données doivent avoir la capacité de motiver l'organisation à réaliser l'intégration des données en incluant toutes les parties intéressées ou mandatées pour intégrer leurs données.

- Un intendant de domaine de données s'implique lorsque des normes sont élaborées pour des éléments de données dans son domaine.

- Les responsabilités des coordonnateurs des intendants de données comprennent l'identification des intendants de données dans leur unité opérationnelle ou services fonctionnels, la coordination de la participation des intendants de données aux activités proactives et réactives de gouvernance des données, et la communication des changements apportés à la politique, aux règles et aux règlements en matière de données aux intendants de données concernés dans leurs unités.

Le niveau stratégique de la pyramide du modèle opérationnel des rôles et responsabilités représente le conseil de la gouvernance des données et le comité de direction.

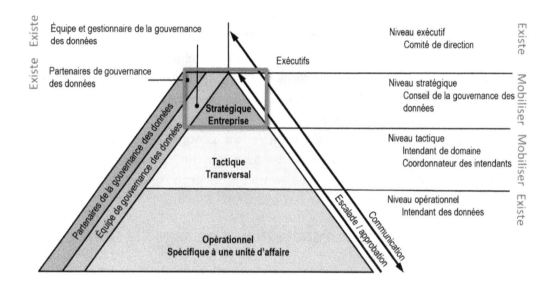

Modèle opérationnel non intrusif des rôles et responsabilités avec mise en évidence du niveau stratégique

Les décisions stratégiques doivent être prises lorsqu'elles ne peuvent pas être prises au niveau opérationnel (unité opérationnelle spécifique) ou au niveau tactique (première ligne de la fonctionnalité transversale) de redevabilité. Les décisions stratégiques exigent que les personnes qui les prennent disposent des connaissances et de la documentation appropriées pour les aider à prendre les bonnes décisions. C'est en partie la raison d'être de la gouvernance des données – partager, consigner et utiliser les connaissances sur les données.

Une décision stratégique liée aux données peut être aussi importante que la définition d'un client, aussi complexe que la décision d'utiliser le schéma de codage du système A ou du système B dans l'entrepôt, ou aussi délicate que le choix de l'outil de profilage des données le mieux adapté à votre environnement. Ces décisions liées aux données auront un impact sur l'ensemble de l'organisation et doivent être prises. Quelqu'un (ou un groupe) doit être en mesure de prendre ces décisions. Ma suggestion, en accord avec de nombreuses organisations définissant un niveau stratégique de responsabilité en matière de gouvernance des données, est que ce groupe stratégique s'appelle le conseil de la gouvernance des données.

CONSEIL DE LA GOUVERNANCE DES DONNÉES

Pensez au groupe déjà constitué de personnes chargées de prendre des décisions à un niveau stratégique dans une organisation. Ces personnes sont invitées à se réunir régulièrement pour prendre des décisions en représentant leur division, leur unité opérationnelle, leur entreprise, etc. Pourriez-vous tirer parti d'un groupe existant ou reproduire un groupe de ce type avec des personnes compétentes en matière de données qui comprennent le programme de gouvernance des données et interviennent pour prendre des décisions sur la base d'une connaissance suffisante des données?

LES MEMBRES DU CONSEIL DE LA GOUVERNANCE DES DONNÉES SONT-ILS DES ÊTRES SUPRÊMES?

La réponse à cette question est « oui », car les membres du conseil servent en quelque sorte de cour suprême pour la gouvernance des données. En général, ils sont au terminus de la ligne d'escalade de la prise de décision.

Nous avons déjà établi que le pouvoir de décision revient à ces personnes lorsqu'il s'agit de décisions stratégiques concernant la définition, la production et l'utilisation des données de l'entreprise. Le fait que ces personnes se situent au niveau stratégique signifie qu'elles ne sont pas nécessairement impliquées dans les opérations quotidiennes. Souvent, elles ne sont informées de la définition, de la production et de l'utilisation quotidiennes des données que dans la mesure où elles veulent l'être ou en ont le temps.

Certains penseurs stratégiques sont très impliqués sur le terrain. D'autres le sont moins. Ce groupe n'est généralement pas impliqué dans les opérations quotidiennes de gouvernance des données, car ils ont des vice-présidents dans certains cas, des directeurs, des gestionnaires, des superviseurs, etc. qui travaillent pour eux et assument ces responsabilités.

Dans les programmes de gouvernance des données réussis auxquels j'ai participé, seul un petit pourcentage des décisions liées aux données, parfois aussi peu qu'un pour cent, passe par les rangs opérationnels et tactiques pour atteindre le conseil de la gouvernance des données. Avant que la décision n'atteigne ces êtres suprêmes, les détails sur le problème – cause et effet, source ou menace, pour n'en citer que quelques-unes – doivent être consignés et préparés pour être présentés de manière ciblée. C'est la responsabilité du groupe qui administre le programme de gouvernance des données (l'équipe de gouvernance des données dans le diagramme pyramidal) ainsi que des intendants opérationnels et tactiques impliqués dans l'activité décisionnelle.

Les trônes et les couronnes ne sont pas nécessaires lors des réunions régulières du conseil de la gouvernance des données. Les participants sont souvent réunis grâce à la technologie. Aussi souvent que nécessaire, des réunions virtuelles peuvent être organisées lorsqu'un problème nécessite une attention particulière et qu'une réunion régulière n'est pas planifiée à court terme. La communication en temps utile avec le conseil de la gouvernance des données requiert une attention particulière lors du déploiement d'un programme.

LE CONSEIL DE LA GOUVERNANCE DES DONNÉES EST-IL AU SOMMET DE LA CHAÎNE ALIMENTARE DES DONNÉES?

La réponse simple à cette question est « oui ». Le seul niveau supérieur, le niveau exécutif (voir le diagramme de la pyramide), comprend les commanditaires et les cadres supérieurs de l'organisation – des personnes qui sont généralement très éloignées des opérations quotidiennes et n'ont pas le temps de s'impliquer dans des décisions axées sur les données.

Le niveau exécutif peut fixer des priorités et écarter des projets et des programmes qu'il ne comprend pas (astuce!), mais la prise de décision au niveau stratégique a souvent lieu au niveau inférieur, au niveau des êtres suprêmes ou du conseil de la gouvernance des données.

POURQUOI AVEZ-VOUS BESOIN D'UN CONSEIL?

J'ai déjà défini la gouvernance des données comme « l'exécution et l'application de l'autorité sur la gestion des données et des actifs informationnels ». Bien sûr, cette définition peut être, et a été, débattue dans plusieurs contextes. Néanmoins, il doit y avoir un niveau d'autorité sur la façon dont les données sont gérées. Quelqu'un doit être responsable et redevable de la prise de décisions difficiles concernant l'entreprise.

Ce groupe doit être formel et doit représenter toutes les branches nécessaires de l'entreprise. Ce n'est pas toujours le cas. Le conseil de la gouvernance des données est généralement composé de représentants de tous les secteurs de l'entreprise et de la technologie. Ce conseil doit être formel si ses membres sont appelés à prendre des décisions stratégiques qui auront un impact sur les activités commerciales et la technologie. Les organisations qui ont essayé de laisser la prise de décision stratégique aux intendants de domaine des données au niveau tactique ont souvent constaté que ces décisions devaient être validées par un conseil ou un comité stratégique.

Il se peut que ce groupe existe déjà dans votre organisation sans le composant de données, ou avec un nom complètement différent. Chez un client récent, une université, le nom de ce groupe était le groupe des systèmes administratifs. Cela sous-entendait l'informatique, mais ce n'était pas le cas. Un autre client récent appelait ce groupe le conseil des données ; un autre client l'appelait le conseil d'examen des technologies, ce qui sous-entendait l'informatique, et c'était le cas. Vérifiez si un tel groupe existe avant d'en créer un nouveau.

ÉTUDE DE CAS : IDENTIFICATION DES MEMBRES DU CONSEIL DE LA GOUVERNANCE DES DONNÉES

La composition du conseil de la gouvernance des données est souvent facile à décrire : une personne par division, unité opérationnelle ou toute autre subdivision de votre entreprise au niveau le plus élevé. Dans l'université que je viens de mentionner, cinq personnes au sein du conseil représentaient les cinq divisions de l'université – les affaires académiques, les affaires étudiantes, etc.

Dans une banque, les divisions étaient les ressources humaines, les finances, la gestion des risques, etc. Chez un fabricant mettant en œuvre SAP, le conseil était composé de personnes représentant les quatre entreprises regroupées dans la même instance SAP. Dans une organisation gouvernementale, le conseil est composé de représentants des divisions.

Souvent, je suggère à chaque division de prévoir un représentant de réserve ou suppléant qui peut ou non avoir le droit de vote (prise de décision) pour sa division. Lorsque le représentant ne peut pas assister à une réunion ou participer à une décision, le suppléant a la responsabilité de transmettre l'information aux membres du conseil.

COMBIEN DE TEMPS LES MEMBRES DU CONSEIL CONSACRENT-ILS À LA GOUVERNANCE DES DONNÉES

Cette question du temps varie pour chaque organisation. En général, on demande aux membres d'un conseil de la gouvernance des données d'assister à des réunions mensuelles ou trimestrielles de 60 à 90 minutes. Je suggère aux membres de prévoir environ 60 minutes supplémentaires par mois pour consulter les informations qui leur sont communiquées par l'équipe qui met en œuvre le programme de gouvernance des données. Ces informations portent souvent sur des sujets qui ont été, ou seront, abordés lors des réunions régulières. Cette partie est facile à quantifier, car les membres du conseil peuvent planifier dans leur emploi du temps et consulter à leur convenance.

Dans les premières phases de développement et de déploiement du programme de gouvernance des données, vous pouvez envisager d'organiser des réunions avec les membres du conseil de la gouvernance des données pour leur expliquer les fondements et les motifs du programme, les concepts clés et les meilleures pratiques de l'approche de gouvernance non intrusive, l'organisation, les politiques, etc. afin qu'ils aient le sentiment de participer à la définition du programme. Dans certaines organisations, le conseil de la gouvernance des données est invité ou tenu d'approuver ces éléments.

La difficulté de quantifier le temps requis devient apparente lorsque les questions qui sont soumises au conseil sont discutées et résolues. Souvent, elles ne sont pas résolues pendant les réunions du conseil et sont classées par ordre de priorité en fonction de leur importance pour l'organisation. Le temps consacré à la résolution des problèmes peut aller de la simple prise de décision sur la base des informations fournies à la formation de groupes de travail et de comités pour résoudre des problèmes plus complexes.

Lorsqu'un programme arrive à maturité, le conseil de la gouvernance des données se réunit régulièrement avec les personnes responsables de l'administration du programme, qui établissent généralement l'ordre du jour initial. Souvent, le chef de l'équipe de gouvernance des données préside les réunions et fait participer activement tous les membres du conseil.

QUE FAIT LE CONSEIL DE GOUVERANCE DES DONNÉES?

Le conseil de la gouvernance des données assume ces responsabilités :

- S'intéresser à la gouvernance des données parce qu'il reconnait des lacunes dans la façon dont l'organisation gère les données.

- Apprendre ce que signifie la gouvernance des données et comment elle peut (et va) fonctionner pour votre organisation.

- Apprendre ce que signifie adopter la gouvernance des données et mobiliser les intendants des données de votre organisation.

- Approuver les éléments qui doivent l'être, tels que la politique de données, le cadre de gestion des données, les méthodes, les priorités et les outils.

- Mettre en œuvre la gouvernance des données dans leurs unités en promouvant activement l'amélioration des pratiques de gouvernance des données.

- Prendre des décisions à un niveau stratégique en temps opportun, compte tenu des connaissances appropriées pour prendre ces décisions.

- Se réunir régulièrement (ou envoyer un suppléant) et lire les comptes rendus pour se tenir informé des activités du programme de gouvernance des données.

- Identifier et approuver les rôles pivots de la gouvernance des données, y compris les intendants et les coordinateurs de domaine transversaux.

Il peut être problématique pour le programme de gouvernance des données de surcharger le conseil de la gouvernance des données. Comme me l'a dit un jour un client, « Ces personnes ont un emploi régulier ». L'idée de l'approche de gouvernance non intrusive des données est d'amener les gens à faire ce qu'il faut autour de la gestion des données. Parfois, cela implique une autorité stricte. D'autres fois, il s'agit simplement de dire : « J'ai besoin de savoir ce qu'il faut faire ».

Envisagez de prendre avantage de votre structure organisationnelle existante pour assumer les responsabilités du conseil de la gouvernance des données. Envisagez également de limiter le nombre de questions qui requièrent les décisions de ce conseil. Ce deuxième point nécessite une structure de gouvernance des données complémentaire au niveau tactique.

ÉQUIPE DE DIRECTION EXÉCUTIVE

On a beaucoup écrit sur la façon de convaincre les plus hauts responsables d'une organisation de la nécessité d'un programme de gouvernance des données et sur la façon d'obtenir le soutien de la direction, le parrainage et la compréhension de ce programme. J'aborde l'approche non intrusive pour obtenir ce soutien dans le chapitre 1.

Le niveau exécutif de la pyramide n'a pas d'espace à l'intérieur de la tour qui dépasse du sommet de la pyramide. Ainsi, ce niveau diffère des trois autres niveaux. Plus tôt, j'ai mentionné que les décisions relatives aux données sont rarement transmises au niveau exécutif d'une organisation. En général, les décisions relatives aux données sont transmises au niveau stratégique désigné ou nommé par le niveau exécutif pour représenter leurs divisions au plus haut niveau de décision concernant les données.

Le sommet du modèle, le niveau exécutif, correspond à quelque chose qui existe déjà dans de nombreuses organisations. Il s'agit du management exécutif de l'organisation. C'est le niveau que nous avons décrit précédemment et qui doit soutenir, parrainer et comprendre la gouvernance des données et les activités du programme.

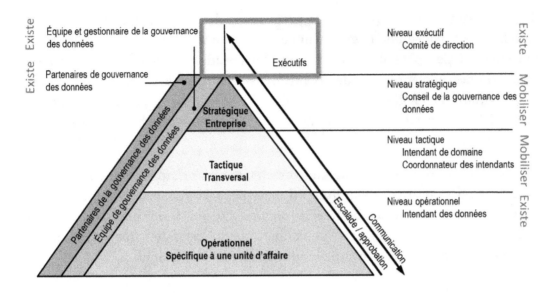

Modèle opérationnel non intrusif des rôles et responsabilités avec mise en évidence du niveau exécutif

Le niveau exécutif du modèle opérationnel n'a pas d'autre fonction spécifique dans le programme de gouvernance des données que de soutenir, parrainer et comprendre la gouvernance des données. Cette section ne détaille pas les rôles et responsabilités spécifiques du niveau exécutif car il n'y a pas d'autres responsabilités que ces trois-là.

Le programme de gouvernance des données risque toutefois d'échouer si le niveau exécutif ne soutient pas, ne parraine pas et ne comprend pas la gouvernance des données.

Éléments essentiels

- Vous avez besoin d'un conseil de la gouvernance des données parce que quelqu'un doit être responsable et redevable de la prise de décisions difficiles concernant l'entreprise. Ce groupe doit être formel et inclure toutes les unités essentielles de l'entreprise.

- Le conseil de la gouvernance des données :

    o S'intéresse à la gouvernance des données parce qu'il reconnait des lacunes dans la façon dont l'organisation gère les données.

    o Apprend ce que signifie la gouvernance des données et comment elle peut (et va) fonctionner pour votre organisation.

    o Apprend ce que signifie adopter la gouvernance des données et mobiliser les intendants des données de votre organisation.

    o Approuve les éléments qui doivent l'être, tels que la politique de données, le cadre de gestion des données, les méthodes, les priorités et les outils.

    o Met en œuvre la gouvernance des données dans leur unité en promouvant activement l'amélioration des pratiques de gouvernance des données.

    o Prend des décisions à un niveau stratégique en temps opportun, compte tenu des connaissances appropriées pour prendre ces décisions.

    o Se réunit régulièrement (ou envoie un suppléant) et lit les comptes rendus pour se tenir informé des activités du programme de gouvernance des données.

    o Identifie et approuve les rôles pivots de la gouvernance des données, y compris les intendants et les coordonnateurs de domaine transversaux.

- La couche exécutive du modèle opérationnel n'a pas d'autre fonction spécifique dans le programme de gouvernance des données que de soutenir, parrainer et comprendre la gouvernance des données.

Jusqu'à présent, nous avons discuté de la partie du modèle opérationnel de gouvernance non intrusive des données qui concerne les rôles et les responsabilités qui se trouve à l'intérieur de la pyramide et de la tour qui se projette au sommet. Maintenant, ce chapitre se concentre sur les deux barres latérales le long du côté gauche de la pyramide. Ces rôles sont les acteurs de soutien du modèle de la gouvernance des données.

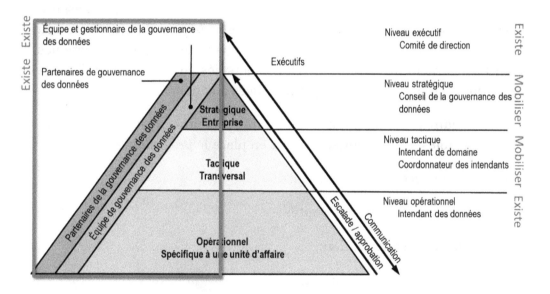

Modèle opérationnel non intrusif des rôles et responsabilités avec mise en évidence des rôles de soutien

Il importe peu le nom que votre organisation donne à ces rôles ou à tout autre rôle décrit dans le modèle opérationnel des rôles et responsabilités. Ne vous sentez pas obligé d'utiliser les noms proposés ici. Il est plus important que vous définissiez et communiquiez clairement les responsabilités décrites dans ce chapitre et que vous ayez la responsabilité de concrétiser ces rôles.

Le niveau de soutien du modèle opérationnel est représenté par les deux barres latérales situées sur le côté gauche de la pyramide du modèle opérationnel. Le niveau de soutien comprend les partenaires de la gouvernance des données et l'équipe de gouvernance des données. Comme indiqué dans le chapitre sur les meilleures pratiques, ces dernières prévoient que le programme de gouvernance des données soit géré et administré par une équipe de gouvernance des données, avec un groupe élargi de personnes composé de partenaires de gouvernance des données.

PARTENAIRES DE LA GOUVERNANCE DES DONNÉES

Les partenaires de la gouvernance des données sont chargés d'assurer la liaison avec l'équipe de gouvernance des données afin de fournir le soutien nécessaire, d'assurer la communication avec les équipes tactiques et opérationnelles sur les incidents ou les projets liés aux données, et d'assurer la réalisation en temps voulu des exigences liées aux données.

Les partenaires représentent différents secteurs, selon la culture et l'organigrammes de l'entreprise qui met en place le programme :

- Technologies de l'information;

- Réglementation et conformité;

- Sécurité de l'information;

- Bureau de gestion de projet;

- Audit et juridique.

Il est possible que tous ces groupes ne participent pas en tant que. La décision d'inclure ces groupes en tant que partenaires peut être aussi spécifique que la culture de l'organisation elle-même.

Les personnes qui sont des partenaires de la gouvernance des données participent, selon les besoins, à la définition et la normalisation des données, aux activités techniques, répondent aux préoccupations relatives aux données et se font les champions de l'intégration de la gouvernance des données dans leurs domaines d'expertise.

Les partenaires de la gouvernance des données s'assurent qu'une méthodologie de projet standard est suivie et que les activités, procédures et mesures de la gouvernance des données sont en place pour maintenir et améliorer la définition des données et la qualité des métadonnées. Les partenaires veillent à ce que les métadonnées essentielles à la gouvernance des données soient incluses dans la plateforme de documentation de la gouvernance des données, notamment le glossaire et le dictionnaire des données, et soient accessibles à l'ensemble du personnel.

Le temps consacré par les partenaires de la gouvernance des données varie en fonction du nombre d'activités liées aux données définies par l'équipe de gouvernance des données, des projets existants et des exigences de la gouvernance des données dans le cadre de leurs activités commerciales normales.

ÉQUIPE DE GOUVERNANCE DES DONNÉES

Les membres de l'équipe de gouvernance des données sont des personnes déjà employées dans l'organisation qui consacrent une partie de leur temps à travailler à la définition, au développement et au déploiement de la gouvernance des données dans l'entreprise. Remarquez que je n'ai pas dit qu'ils sont dédiés à la gouvernance des données. Cela impliquerait que la gouvernance des données constitue leur principale responsabilité, ou qu'un pourcentage plus important de leur temps est consacré au programme de gouvernance des données. Dans certaines organisations, cela peut effectivement être le cas. Mais dans la plupart des organisations qui mettent en place un programme de gouvernance des données, ces personnes ont un « emploi régulier ».

En général, les responsabilités de l'équipe de gouvernance des données sont :

- Superviser l'élaboration et la mise en œuvre du programme de gouvernance des données.

- Examiner et documenter l'organisation des meilleures pratiques de gouvernance des données, les rôles et les responsabilités, le plan de communication et de sensibilisation, et fournir une feuille de route pour la mise en œuvre du programme de gouvernance des données.

- Animer les réunions du conseil de la gouvernance des données concernant le statut, les activités, les succès et les problèmes de la gouvernance des données.

- Développer et fournir continuellement du matériel éducatif, de sensibilisation et de mentorat sur la gouvernance des données.

- Définir, recommander et faire approuver les indicateurs (mesures) de gouvernance des données par le conseil de gouvernance des données.

- S'assurer que les définitions, les procédures et les mesures standard des données sont en place pour maintenir et améliorer la gestion des risques, la qualité et la convivialité des données de l'entreprise.

- Gérer les incidents liés aux données, notamment les rapports sur les données manquantes ou incorrectes et les problèmes d'accès aux données.

- Vérifier de manière aléatoire la conformité des rôles opérationnels des données.

Les responsabilités du chef de l'équipe de gouvernance des données doivent inclure la direction des activités des membres de l'équipe de gouvernance des données, la planification, l'établissement de l'ordre du jour, l'animation et la direction des réunions du conseil de gouvernance des données. Le chef d'équipe veille à la bonne réalisation des actions définies pour l'équipe de gouvernance des données.

Il convient de noter que les membres de l'équipe de gouvernance des données ne sont pas les intendants tactiques ou opérationnels des données, et qu'ils ne sont pas chargés de faire évoluer les initiatives existantes, informelles, de gouvernance des données. En d'autres termes, l'équipe de gouvernance des données est responsable de la définition, de l'exécution et du maintien des activités du programme de gouvernance des données. Sans cette équipe, le programme ne pourra pas réussir.

ÉTUDE DE CAS : UNE ÉQUIPE DE GOUVERNANCE DES DONNÉES

Une université a récemment développé un programme de gouvernance des données et disposait d'une équipe de gouvernance des données composée d'un huitième du temps d'une personne. C'est tout. On m'a dit que les progrès du programme seraient plus lents et plus fastidieux que d'habitude en raison des contraintes de temps de cette équipe. En fait, les progrès ont pris beaucoup plus de temps.

J'ai recommandé à cette équipe d'identifier des personnes spécifiques au sein de l'organisation qui pourraient jouer le rôle de confidents auprès de l'équipe pour les questions relatives aux données et à la gouvernance des données. Ces confidents sont devenus un soutien de facto à l'équipe, compte tenu de leur intérêt et du temps qu'ils ont consacré à la collaboration avec l'équipe officielle, qui ne représentait que le huitième du temps d'une personne.

À l'autre extrémité du spectre, j'ai aidé une autre organisation qui avait déjà un programme de gouvernance des données lancé ou partiellement en place. Dans ce cas, l'équipe de gouvernance des données était composée de quatorze personnes. Dix d'entre elles étaient des consultants d'une seule et même entreprise ; la onzième personne était le chef d'équipe de la même entreprise; une autre personne venait de l'organisme et j'étais le tout dernier membre.

Les secteurs d'activité de l'organisation qui ont parrainé le programme de gouvernance des données ont soulevé deux questions : Pourquoi tant de personnes dans l'équipe, et pourquoi cela coûte-t-il si cher? La raison, selon le chef d'équipe, était que les responsabilités de l'équipe de gouvernance des données étaient de résoudre les problèmes de qualité des données.

Inutile de dire qu'il était exagéré d'avoir autant de personnes dans l'équipe de gouvernance des données. En règle générale, le travail de cette équipe ne consiste pas à corriger les problèmes de qualité des données. L'organisation a fini par adopter une approche plus appropriée pour constituer son équipe de gouvernance des données, et les responsabilités de l'équipe ont été modifiées pour correspondre plus étroitement à celles identifiées dans le reste de ce chapitre.

ÉQUIPE DE PROJET *VS* ÉQUIPE DE PROGRAMME *VS* ÉQUIPE DE GOUVERNANCE DES DONNÉES

Au fil des ans, j'ai vu cette équipe porter plusieurs noms et être composée de différentes personnes occupant différents rôles et provenant de différents secteurs de l'organisation. Dans les organisations qui commencent tout juste à mettre en place des programmes de gouvernance des données bénéficiant d'un soutien et d'un parrainage officiels, ce groupe est parfois composé de personnes provenant de presque tous les secteurs de l'organisation. Souvent, ce groupe de ressources « volontaires » – c'est-à-dire qu'on a nommé volontaire – est mis en place uniquement pour définir et développer le programme plutôt que de faire partie du groupe responsable du déploiement de la gouvernance des données.

Dans de telles situations, l'équipe est souvent appelée équipe de projet de gouvernance des données, le projet étant le travail initial de mise en place du programme. Dans les organisations dotées d'une équipe de programme, ces personnes passent à d'autres rôles définis dans le cadre du programme. Ces rôles vont des membres du conseil aux intendants des domaines de données en passant par les intendants opérationnels des données, en fonction de leur relation individuelle avec les données qu'ils définissent, produisent et utilisent.

ÉTUDE DE CAS : ÉQUIPE DE PROJET *VS* ÉQUIPE DE PROGRAMME

Une organisation gouvernementale a récemment établi une distinction claire entre les rôles de l'équipe de projet de gouvernance des données et de l'équipe du programme de gouvernance des données. L'équipe de projet était composée d'une ou plusieurs personnes de chaque division de l'agence gouvernementale.

Ces personnes ont participé activement à la définition du programme de gouvernance des données, des meilleures pratiques pour cette agence jusqu'à la feuille de route que l'agence suivrait pour déployer le programme de gouvernance des données à tous ses services.

Naturellement, la question se pose : Combien de personnes doivent faire partie de l'équipe de gouvernance des données? La réponse est que cela dépend. Le nombre requis de personnes dans l'équipe dépend généralement de :

- Le niveau d'implication des secteurs opérationnels et des secteurs informatiques dans le déploiement du programme,

- La complexité et la connaissance de l'environnement de gestion des données existant, et

- La vitesse à laquelle l'organisation déploiera le programme.

Un programme de gouvernance des données ne fonctionnera pas tout seul. Quelqu'un ou un groupe doit assumer les responsabilités énumérées ci-dessus.

RÔLE DES TI DANS LA GOUVERNANCE DES DONNÉES

Dans de nombreuses organisations, les professionnels des technologies de l'information (TI) possèdent une grande connaissance de la définition, de la production et de l'utilisation des données par les unités opérationnelles individuelles, des données exploitées entre les unités opérationnelles et des données en tant que ressource d'entreprise. Il serait insensé de ne pas tirer parti de ces connaissances pour soutenir et améliorer la gouvernance des données dans l'ensemble de l'organisation. Je fais souvent référence au personnel informatique qui possède une telle connaissance approfondie des données comme étant les « experts en matière de données » (EMD) et les « experts en matière de systèmes » (EMS).

Les experts en matière de données sont des personnes des TI qui soutiennent les professionnels de l'entreprise et les professionnels techniques grâce à leur connaissance des opérations commerciales et des données nécessaires au fonctionnement et à l'analyse de ces opérations commerciales. Il peut s'agir d'analystes d'entreprise, d'analystes de rapports, de spécialistes de l'architecture des données, de modélisateurs de données, de chefs de projet, bref de toute personne du secteur informatique ayant une connaissance des données utilisées pour soutenir les unités opérationnelles et l'entreprise dans son ensemble.

Les experts en matière de systèmes sont des personnes des TI qui soutiennent les professionnels des opérations et de la technique grâce à leur connaissance des processus et des systèmes logiciels, des applications développées en interne et des ensembles de données intégrés tels que les entrepôts de données, les solutions de gestion des données maîtres et les implémentations de progiciels utilisés pour faire fonctionner les secteurs d'activité et les analyses nécessaires à la prise de décision dans ces secteurs d'activité. Il peut s'agir de spécialistes en architecture de systèmes, de développeurs de systèmes et d'applications, de directeurs de programmes pour l'entreposage de données ou la gestion des données maîtres – en gros, toute personne ayant des connaissances orientées système qui soutiennent les unités opérationnelles et l'entreprise dans son ensemble.

Cette distinction entre les personnes qui sont des EMD et celles qui sont des EMS est triviale et sans importance pour la plupart des organisations. Ce qui est important, en revanche, c'est que les rôles des EMD et des EMS deviennent formels, pour consigner des informations sur ces personnes en tant qu'experts, et pour utiliser ces rôles au profit de l'organisation.

Rôles typiques des EMD et EMS informatiques sont :

- Se concentrer sur la protection et la classification cohérentes des données selon leur classification, par exemple confidentiel, public, usage interne, etc.

- Responsable du traitement technique des données pour répondre aux exigences de classification des données.

- Sécuriser l'infrastructure informatique au nom des unités opérationnelles propriétaires des données.

- S'assurer que les données sensibles, quel que soit leur support, sont protégées à tout moment en utilisant uniquement des équipements, des réseaux et d'autres contrôles approuvés.

- Promouvoir l'intégration de la gouvernance des données dans la méthodologie de projet standard.

- Veiller à ce que la méthodologie de projet standard soit suivie et que les politiques, procédures et mesures soient en place pour maintenir et améliorer la qualité des données et la création, la saisie et la maintenance des métadonnées.

- Veillez à ce que toutes les données stratégiques soient modélisées, nommées et définies de manière cohérente.

- Veillez à ce que les projets s'approvisionnent et utilisent des données provenant autant que possible du système de registre désigné.

- Fournir un soutien technique pour assurer la qualité des données.

- Fournir un soutien technique pour la gouvernance des données et les efforts de nettoyage des données, le cas échéant.

- S'assurer que les métadonnées essentielles à la gouvernance des données sont incluses dans le référentiel de métadonnées et sont accessibles.

Ce chapitre et les deux précédents complètent les rôles et responsabilités tels que décrits dans le diagramme pyramidal.

Éléments essentiels

- Les partenaires de la gouvernance des données assurent la liaison avec l'équipe de gouvernance des données afin de fournir le soutien nécessaire, assurent la communication avec les équipes tactiques et opérationnelles sur les incidents ou les projets liés aux données, et veillent à ce que les exigences liées aux données soient satisfaites en temps voulu.

- Les partenaires de la gouvernance des données peuvent inclure des représentants des technologies de l'information, de la réglementation et de la conformité, de la sécurité de l'information, du bureau de gestion des projets, de l'audit et du service juridique.

- L'équipe de gouvernance des données est composée de personnes déjà présentes dans l'organisation qui ont un pourcentage de leur temps alloué pour travailler à la définition, au développement et au déploiement de la gouvernance des données dans l'entreprise.

- L'équipe de gouvernance des données est responsable de la définition, de l'exécution et du maintien des activités du programme de gouvernance des données.

Chapitre 11
Outils de gouvernance des données –
Matrice des données communes

Les derniers chapitres de ce livre sont consacrés aux outils, modèles et techniques simples que vous pouvez utiliser pour faire de votre programme de gouvernance des données un succès durable. Dans ces chapitres, je vous présente des outils à faire soi-même pour vous aider à atteindre cet objectif.

J'ai souvent dit qu'on ne peut pas simplement acheter et déployer un logiciel pour avoir un programme de gouvernance des données. Je serais toutefois le premier à admettre que ces outils peuvent vous aider à démarrer. De nombreux logiciels disponibles sur le marché ont pour objectif de vous assister à collecter des métadonnées sur les relations entre les personnes et les données et à diffuser ces informations auprès des autres. Pour cette raison, tous les outils, ceux achetés et ceux que je décris dans ces deux chapitres, peuvent être nécessaires pour exécuter et appliquer l'autorité sur la gestion des données.

Vous pouvez utiliser des logiciels pour vous aider – en insistant sur le mot « aider » – à assurer le succès de votre programme de gouvernance des données. Mais les logiciels, par eux-mêmes, ne formaliseront pas les comportements des gens associés à la gestion des données. Un outil en soi n'est pas un programme de gouvernance des données. Vous devez savoir ce que vous voulez que l'outil fasse. Et la majeure partie du coût de l'outil sera d'apprendre à l'utiliser, à l'alimenter et à le maintenir.

L'utilisation d'un logiciel pour recueillir des métadonnées peut aider votre programme, mais vous pouvez recueillir des métadonnées avant d'acheter de nouveaux outils logiciels. Je vous suggère de commencer par des outils maison comme ceux décrits ici et de comprendre comment ces outils vous aideront. Quel que soit le logiciel que vous choisissez, il est impératif que l'outil corresponde à vos spécifications et à vos exigences avant de l'acheter.

La matrice des données communes est un outil que vous pouvez créer à l'aide d'un tableur et qui est largement utilisé par les organisations mettant en œuvre un plan de gouvernance non intrusive des données. En fait, nombre de ces organisations considèrent la matrice des données communes comme leur outil de gouvernance des données le plus pratique, et c'est d'ailleurs celui par lequel elles commencent le plus souvent.

Lorsque je participe à des conférences sur la gouvernance des données, je propose la matrice des données communes dès le début de la présentation. Comme cet outil est facile à utiliser, il ne faut pas longtemps aux participants pour commencer à le remplir. Les participants sont séduits par sa simplicité, sa cohérence et son côté pratique. À mon grand dam, dès que je présente la matrice des données communes, ils commencent à la remplir et passent moins de temps à m'écouter.

J'ai conçu la matrice des données communes comme une grille bidimensionnelle sous la forme d'une feuille de calcul qui croise les données de votre organisation avec les personnes qui définissent, produisent et utilisent ces données. Dans la partie gauche de la matrice, vous verrez une catégorisation des domaines de données, des sujets (ou des ensembles de données) qui intéressent votre organisation. En haut de la matrice, on indique les secteurs d'activité, les unités opérationnelles, les lignes d'activité et les divisions, de la même manière qu'elles apparaissent dans votre organigramme.

Gouvernance non intrusive des données - Matrice des données communes

Légende des couleurs		Technologies Informatiques			Unités Organisationnelles				
Représentant sur le conseil de gouvernance des données									
Suppléant sur le conseil de gouvernance des données					Secteur 1	Secteur 2	Secteur 3	Secteur TI	
Coordonateur des intendants									
Intendant de domaine de données		BD /	Expert en	Expert en					
Intendant opérationel des données		Système	données	système					
Exemples									
Données sur les clients	VP Opération								
Adresse des clients									
		PGI							
		GDM							
		ED							
Attributs démographiques									
		PGI							
		GDM							
		ED							
Attributs financiers									
		PGI							
		GDM							
		ED							

ÉTAPE 1 : DÉFINIR LES DOMAINES DE DONNÉES (RANGÉES)

Terminez la catégorisation des données en commençant par définir les domaines de données significatifs pour votre organisation. De nombreuses entreprises commencent par définir des domaines de haut niveau comme les clients, les produits, les employés et les finances. Elles définissent ensuite des sous-domaines comme différents aspects (ou sous-domaines) des produits et des clients, tels que les données démographiques des clients, leur comportement et leurs préférences.

D'autres organisations définissent leurs domaines de manière granulaire. Cela inclut la définition d'éléments individuels de données significatives, comme celles qui alimentent les indicateurs clés de performance ou d'autres mesures.

L'important est qu'il n'y a pas de bonnes ou de mauvaises façons de définir les domaines et la manière dont vous les définissez. En fait, les définitions des domaines sont différentes d'une organisation à l'autre.

Vous pourriez vous demander jusqu'à quel point il est nécessaire de définir le domaine, les sous domaines et les données? La vérité est que vous pouvez obtenir le niveau de granularité dont votre organisation a besoin. Le niveau de granularité s'impose de lui-même.

Par exemple, le domaine des données clients comprend beaucoup de données. Les sous-domaines tels que les données démographiques des clients comprennent souvent une quantité moindre de données plus spécifiques, comme l'adresse postale, le numéro de téléphone et l'adresse courriel du client. Les utilisateurs de la matrice des données communes identifient les données et la granularité dont ils ont besoin en remplissant le côté gauche de la matrice pour répondre aux exigences des données qu'ils planifient gérer.

Les organisations ont commencé à utiliser les systèmes ou les bases de données en tant que domaines de données. Cette approche change souvent rapidement lorsque les organisations reconnaissent que de nombreux systèmes de l'organisation contiennent des données provenant de plusieurs domaines différents plutôt que d'un seul sujet. Je vous suggère de commencer par une approche plus large, puis d'identifier les systèmes ou les bases de données où résident les données de ces domaines.

Ne pensez pas qu'il est important de cibler tous les domaines de données en une seule fois. Les organisations qui mettent en œuvre avec succès des programmes de gouvernance des données le font souvent de manière progressive en commençant par un seul ou un nombre limité de domaines plutôt que de tenter de gouverner tous les domaines de données dès le départ.

Si une organisation dispose d'un modèle de données d'entreprise (MDE), elle utilise souvent les domaines de données définis dans le cadre de ce modèle. Ces domaines sont des découpages logiques des données qui intéressent l'entreprise. C'est pourquoi il est logique d'utiliser ces domaines dans la matrice des données communes.

En comparaison, choisir « entrepôt de données » comme domaine englobe généralement plusieurs sujets de données, et ces données résident également dans d'autres systèmes. Il est donc plus difficile d'enregistrer comment et où ces données sont représentées dans l'organisation.

Les organisations ont toutefois utilisé la matrice des données communes pour répartir les domaines et sous-domaines de données dans les systèmes où ces données peuvent être trouvées. Dans l'exemple, vous pouvez voir que les informations démographiques des clients peuvent se trouver dans l'entrepôt de données, dans la solution de gestion des données maîtres et dans le progiciel de gestion intégré qui sont utilisés de manière opérationnelle. Ainsi, une organisation utilisant la matrice à cette fin peut savoir spécifiquement où les données de ce domaine sont définies, produites et utilisées dans l'organisation.

Parallèlement, l'organisation peut souhaiter enregistrer l'identité des experts en matière de données (EMD) et des experts en matière de systèmes (EMS) dans la partie technologie de l'information ou systèmes de l'organisation. Ces personnes peuvent être impliquées, si nécessaire, dans les activités de gouvernance relatives aux données qu'elles connaissent.

ÉTAPE 2 : ASSOCIER LES RÔLES AUX DOMAINES DE DONNÉES

Inscrivez l'intendant de domaine de données à côté du domaine ou des sous-domaines de données sur le côté gauche de la matrice des données communes plutôt que sous les colonnes des unités organisationnelles. Le fait de placer l'intendant de domaine de données sous l'une des colonnes organisationnelles de la matrice plutôt que sur le côté gauche implique que l'intendant de domaine est responsable uniquement des données de sa partie de l'organisation plutôt que de l'organisation dans son ensemble.

Comme nous l'avons mentionné précédemment, il peut être difficile d'identifier une ou plusieurs personnes ayant un niveau élevé de redevabilité ou d'autorité pour un domaine de données dans une organisation. C'est le principal obstacle à surmonter pour documenter et gérer les données en tant qu'actif d'entreprise plutôt qu'en tant qu'actif d'une unité opérationnelle cloisonnée.

Un intendant de domaine de données peut être associé à un domaine entier de données ou à un domaine divisé en sous-ensembles. Par exemple, le registraire d'une université peut être responsable de l'ensemble du domaine de données des étudiants, tandis que d'autres personnes peuvent être responsables de sous-ensembles de ce domaine. Là encore, la granularité avec laquelle vous définissez les domaines et les sous-domaines peut dicter le nombre d'intendants de domaines de données que vous reconnaissez ou le sous-ensemble de données de l'organisation dont ils sont responsables. Veuillez-vous reporter au chapitre 8 pour une description complète de l'intendant de domaine de données.

ÉTUDE DE CAS : UNE BANQUE NOMME UN INTENDANT DES DONNÉES CLIENT

Une grande banque du sud-est des États-Unis a eu du mal à identifier la personne qui aurait la responsabilité du domaine des données clients dans l'ensemble de l'entreprise. En fait, personne dans l'organisation ne maîtrisait le domaine des données clients puisqu'il s'appliquait à plusieurs unités opérationnelles. Pour cette raison, l'organisation a eu du mal à nommer une personne comme intendant de domaine de données clients. Personne dans l'organisation ne pouvait prendre une décision concernant les données client pour l'ensemble de l'organisation sans être critiquée par les autres secteurs de l'organisation qui définissaient, produisaient et utilisaient les données client.

Heureusement, la banque n'a forcé personne à jouer ce rôle essentiel. Un individu connaissant les données des clients dans une partie de l'organisation s'est porté volontaire pour devenir l'intendant de domaine de données. Il a compris qu'il n'aurait pas la responsabilité de prendre des décisions qui pourraient avoir un impact négatif sur une autre partie de l'organisation.

La direction de la banque s'est toutefois engagée à faciliter les discussions au sein de l'organisation sur les questions relatives à l'utilisation transorganisationnelle des données clients. Cela a permis d'obtenir un consensus sur la façon dont les données spécifiques des clients seraient définies, produites et utilisées dans l'ensemble de la banque.

Cette personne n'était pas redevable à elle seule de la prise de décision lorsque des décisions difficiles ne pouvaient être prises. Lorsqu'un consensus ne pouvait être atteint, les informations relatives à la décision étaient transmises au conseil de gouvernance des données au niveau stratégique afin de prendre une décision transorganisationnelle.

ÉTAPE 3 : ORGANISER LES COLONNES

Commencez par un organigramme en partant du sommet de l'organisation, puis décomposez-le en unités opérationnelles, puis en sous-groupes de domaines fonctionnels au sein des unités opérationnelles, et ainsi de suite. L'information remplie en haut de la matrice des données communes est généralement beaucoup plus facile à définir.

Gardez à l'esprit que l'objectif de la matrice des données communes est d'établir des références croisées entre les données de l'organisation par domaine et les composantes de l'organisation qui définissent, produisent et utilisent ces données et l'endroit où elles sont définies, produites et utilisées.

La matrice des données communes est également utilisée pour consigner les rôles de gouvernance des données associés aux différentes parties d'une organisation. Par exemple, un membre du conseil de gouvernance des données peut représenter une unité opérationnelle entière ou un sous-ensemble de cette unité opérationnelle. Le suppléant du conseil peut représenter l'ensemble de l'unité opérationnelle.

Le coordonnateur des intendants de données peut coordonner les activités des intendants de données pour une unité opérationnelle complète ou un sous-ensemble de cette unité. Encore une fois, cela dépend de la granularité de votre programme et du niveau de spécificité organisationnelle auquel vous voulez gouverner les données.

ÉTAPE 4 : COMPLÉTER LES CELLULES

Inscrire les métadonnées essentielles au succès du programme de gouvernance des données dans les blocs de la matrice des données communes où les domaines (rangées) se croisent avec l'organisation (colonnes). Ces blocs peuvent être utilisés de multiples façons, et les informations qui y sont consignées sont spécifiques à la façon dont l'organisation utilise cet outil.

Certaines organisations se contentent de placer un « X » dans le bloc où les rangées rencontrent les colonnes indiquant que les données du domaine dans un système spécifique sont définies, produites ou utilisées dans cette partie de l'organisation. C'est la façon la plus simple d'utiliser l'outil de matrice des données communes.

D'autres organisations indiquent le nom des personnes qui définissent, produisent et utilisent les données de ce système dans cette partie de l'organisation. L'utilisation de la matrice devient alors plus complexe, notamment lorsqu'il existe de nombreux intendants. D'autres façons de remplir ces blocs consistent à identifier le système d'enregistrement de ce type de données pour l'organisation, la façon dont ces données circulent dans l'organisation, ou à préciser si cette partie de l'organisation est responsable de la définition de ces données, de la production de ces données, ou si elle utilise simplement les données dans cette application spécifique.

ÉTUDE DE CAS : UNE AGENCE GOUVERNEMENTALE IDENTIFIE LES RESSOURCES CLÉS POUR LA GESTION DES DONNÉES DE SES DIVISIONS

Une agence gouvernementale mettant en œuvre la gouvernance des données a identifié une ressource clé pour chacune de ses divisions. Cette ressource serait présente au sein de son équipe de projet de gouvernance des données afin de protéger les intérêts de sa division dans le développement du programme. L'idée de définir l'équipe de projet de cette façon était que chacune de ces personnes passerait à un rôle de programme à la fin du projet.

Pendant la phase de développement du programme, les membres de l'équipe de projet ont été identifiés dans la matrice des données communes en fonction des divisions qu'ils représentaient. Après l'évolution du projet vers une mise en œuvre de la gouvernance des données, ces mêmes personnes ont joué un rôle de coordination pour leurs divisions dans le cadre du déploiement à l'échelle de l'entreprise. Encore une fois, leurs rôles dans le programme étaient associés à leurs parties de l'organisation plutôt qu'à l'organisation dans son ensemble.

L'agence a utilisé la matrice des données communes pour consigner les noms des personnes et les parties de l'organisation qu'elles représentaient pour le projet et pour les phases du programme.

ÉTUDE DE CAS : UNE UNIVERSITÉ CONÇOIT SA MATRICE DES DONNÉES

Une grande université du sud des États-Unis a créé ce qu'elle a appelé une matrice de données universitaires. La gouvernance des données a soutenu une directive du recteur selon laquelle les données seraient classées et traitées conformément aux règles de sensibilité des données décrites dans une nouvelle politique de classification des données. Les classifications utilisées étaient 1) les données hautement confidentielles, 2) les données sensibles et 3) les données publiques. Des règles de traitement des données ont été associées à chacun des niveaux de classification.

Les données communes étaient codées comme un feu de signalisation, le rouge étant utilisé pour identifier les données hautement confidentielles. Le jaune identifiait les données sensibles ou celles qui devaient être traitées selon des règles spécifiques définies par l'université. Le vert désignait les données qui étaient ouvertes et accessibles au public en vertu de la loi.

Cette université a également utilisé les lettres de l'acronyme « CLMS »[12] pour définir si cette classification de données était créée, lue, modifiée ou supprimée dans chacun de ses nombreux domaines d'activité. La matrice des données communes documente la relation spécifique que chaque partie de l'université entretient avec les données classifiées, la manière dont les données classifiées doivent être traitées et le mode de fonctionnement du programme de gouvernance des données.

---

[12] NdT: *CRUD* en anglais pour *Create, Read, Update* et *Delete*.

Éléments essentiels

Suivez ces quatre étapes pour compléter votre matrice des données communes :

1. Complétez les catégorisations de données en définissant d'abord les domaines de données significatifs pour votre organisation.

2. Inscrivez l'intendant de domaine de données à côté du domaine ou des sous-domaines de données dans la partie gauche de la matrice des données communes plutôt que dans les colonnes des unités organisationnelles.

3. Utilisez un organigramme commençant par le sommet de l'organisation, puis divisé en unités opérationnelles, puis en sous-groupes de domaines fonctionnels des unités opérationnelles, et ainsi de suite.

4. Inscrivez les métadonnées essentielles au succès du programme de gouvernance des données dans les blocs de la matrice des données communes où les domaines (rangées) se croisent avec l'organisation (colonnes).

Chapitre 12
Outils de gouvernance des données –
Matrice des activités

La matrice des activités de gouvernance est similaire à la matrice des données communes dans la mesure où il s'agit d'une matrice bidimensionnelle qu'on peut personnalisée pour être utilisée spécifiquement par l'organisation qui met en œuvre la gouvernance des données. La réalisation de cet outil peut se faire de différentes manières, et comme pour la matrice des données communes, son coût de développement et d'utilisation est minime.

L'idée de la matrice des activités de gouvernance est de croiser les étapes d'un processus traitant des données avec les rôles que vous identifiez pour les inclure dans votre programme de gouvernance des données. Cela peut sembler simple, mais vous devez tenir compte de plusieurs éléments lorsque vous utilisez cet outil.

La première considération est de nommer correctement l'outil et les processus qui sont gouvernés. La deuxième considération est de savoir quels processus seront régis et ce que cela signifie de régir un processus. La troisième considération concerne les informations qui seront collectées et utilisées dans l'outil lui-même.

ÉVITEZ L'EXPRESSION « PROCESSUS DE GOUVERNANCE DES DONNÉES »

L'expression « processus de gouvernance des données » contredit tout ce qui concerne l'approche non intrusive de la gouvernance des données. Tout d'abord, la gouvernance peut être appliquée à n'importe quel processus. Ensuite, ce n'est pas parce que des processus sont gouvernés qu'ils deviennent des processus de gouvernance des données.

En les appelant « processus de gouvernance des données », nous sous-entendons que ceux-ci sont suivis uniquement en raison de la gouvernance des données. Or, ce n'est généralement pas le cas du tout. En fait, vous pouvez considérer presque n'importe quel processus comme une forme de gouvernance elle-même, à condition que le processus soit suivi.

Une méthodologie de développement logiciel (MDL)[13] est une forme de gouvernance pour le développement d'une application ou d'un système. Cette méthodologie indique les étapes à suivre dans le développement, les personnes impliquées, la décision qui sera prise, le résultat de chaque étape de la méthodologie, etc. Les MDL existent depuis qu'il y a des données et des systèmes. Certaines organisations suivent cette méthodologie de plus près que d'autres.

La communauté du développement agile semble souvent en désaccord avec la communauté de la gestion des données; le rapprochement des deux sera l'objet de mon prochain livre. Mais encore une fois, l'approche agile est, en soi, un autre type de gouvernance.

Le fait est que nous ne devons pas renommer la méthodologie en « méthodologie de gouvernance des données » simplement parce que nous nous concentrons de manière appropriée sur les données selon les étapes et l'implication tout au long du processus.

Il en va de même pour le processus de partage des données, de demande d'accès aux données ou de suppression des données. De nombreuses organisations disposent de processus pour effectuer ces tâches. Ces processus n'ont pas besoin d'être renommés « processus de gouvernance des données ». Cette étiquette implique que la gouvernance des données est la seule raison pour laquelle nous avons mis en place ces processus.

Si nous voulons que les gens sachent que notre approche de la gouvernance des données est non intrusive, la dernière chose que nous voulons faire est de qualifier les processus de processus de gouvernance. Nous expliquons plutôt pourquoi nous évitons de les appeler processus de gouvernance et que nous pouvons soit suivre ces processus de manière formelle, soit les considérer pour ce qu'ils sont.

---

[13] NdT En anglais : *Software Development Life Cycle* ou *SDLC*

PROCESSUS À GOUVERNER

Les organisations déterminent, de plusieurs façons, les processus qui seront régis ou qui tomberont sous les auspices de la gouvernance des données. Par exemple, la gouvernance de la MDL est un moyen d'intégrer la dimension « données » à chaque étape d'un nouveau développement. La gestion des accords de partage des données en est une autre. Régir la façon dont nous résolvons les problèmes de données peut être une troisième façon.

La première question à se poser peut être : « Comment voulez-vous appliquer la gouvernance des données dans votre organisation? » Voulez-vous l'appliquer de manière proactive en l'intégrant à un processus quotidien? Ou voulez-vous intégrer la gouvernance dans votre façon de résoudre les problèmes et de les traiter? La vérité est que la majorité des organisations veulent faire les deux. Quoi qu'il en soit, la plupart d'entre elles commencent à appliquer la gouvernance de manière réactive pour améliorer la qualité et la valeur des données, puis l'intègrent lentement dans leur routine quotidienne.

GOUVERNANCE DES DONNÉES PROACTIVE

L'exemple ci-dessous montre comment une organisation a intégré des activités de gouvernance des données dans les étapes qu'elle suivait pour restructurer systématiquement les données de son entrepôt de données. Dans ce cas, vous pouvez voir que la matrice d'activités a mis en évidence les étapes du processus reproductible dans la partie gauche de la matrice, tout en incluant les différents rôles associés au programme de gouvernance des données dans la partie supérieure.

Dans chaque bloc où le processus se croise avec le rôle, vous lirez une description de ce que la personne dans ce rôle a accompli pendant cette étape du processus. Dans cet exemple, le temps consacré par ce rôle à chaque étape du processus est défini avec l'effort et la durée pendant laquelle ce rôle est censé être impliqué.

Rôles de GD et *niveaux* → Processus de validation des données ↓	Effort estimé	Équipe GD *Soutien*	Technologies de l'information *Soutien*	Conseil GD *Stratégique*	Intendant de domaine *Tactique*	Intendant de données *Opérationnel*
1. Organiser et rationaliser 250 rapports associés à l'entrepôt de données pour déterminer les 100 éléments de données les plus utilisés et les plus importants.	Août-septembre 2014 *(6 semaines)* Analyser 250 rapports pour identifier 100 éléments de données d'entreprise pour la restructuration de l'entrepôt de données.	Gérer l'organisation et la rationalisation de 250 rapports d'entrepôt de données. Identifier l'utilisation des éléments de données sur les rapports pour déterminer les 100 éléments de données les plus importants. *(16 heures par semaine pour 2 personnes)*	Fournir la liste et l'accès aux rapports techniques de l'entrepôt de données. Participer à la rationalisation des rapports et à l'identification des éléments de données. Consigner la définition des éléments de données dans le glossaire de l'entreprise. *(8 heures par semaine pour 2 personnes)*	Approuver la liste des éléments de données les plus importants. *(1 heure pour examiner et approuver les éléments de données)*	Travailler avec l'équipe GD pour rationaliser tous les rapports de l'entrepôt de données afin d'identifier les éléments de données les plus importants. *(8 heures par semaine par domaine)*	Fournir la liste et l'accès aux rapports de l'entrepôt de données. Participer à la rationalisation des rapports et à l'identification des éléments de données. Consigner la définition des éléments de données dans le glossaire de l'entreprise. *(8 heures par semaine par unité opérationnelle)*
1.1 Définir les critères de sélection : Groupe de rapports, fréquence d'utilisation (quotidienne, hebdomadaire), éléments de données utilisés (points communs), criticité, avec des résultats différents entre les versions de Business Objects®.						

Rôles de GD et *niveaux* → Processus de validation des données ↓	Effort estimé	Équipe GD *Soutien*	Technologies de l'information *Soutien*	Conseil GD *Stratégique*	Intendant de domaine *Tactique*	Intendant de données *Opérationnel*
1.2 Définir et documenter : les objectifs, les buts et les bénéfices attendus de la restructuration des éléments de données.						
1.3 Définissez des modèles et des procédures pour obtenir les résultats finaux.						
1.4 Définir les dix rapports les plus critiques (gains rapides).						
1.5 Définissez des critères de réussite pour ces rapports.						
1.6 Identifiez les analystes de données qui contribueront à la définition des données (producteurs/utilisateurs des rapports choisis).						
1.7 Convenir et clôturer la planification pour terminer ce « projet ».						

Rôles de GD et *niveaux* → Processus de validation des données ↓	Effort estimé	Équipe GD *Soutien*	Technologies de l'information *Soutien*	Conseil GD *Stratégique*	Intendant de domaine *Tactique*	Intendant de données *Opérationnel*
2. Analyser et consigner les définitions dans le glossaire de l'entreprise. Identifier la liste des éléments de données qui seront inclus dans la restructuration de l'entrepôt de données.	Septembre - octobre 2014 *(6 semaines)*	Faire l'analyse des définitions des éléments de données. Documenter les besoins d'amélioration de l'entrepôt de données et les normes des éléments de données. *(16 heures par semaine pour 2 personnes)*	Fournir des informations techniques et sur les systèmes concernant les éléments de données les plus importants. *(8 heures par semaine pour 2 personnes)*		Fournir une perspective d'entreprise des éléments de données importants. Définir et documenter les normes des éléments de données. *(8 heures par semaine par domaine)*	Fournir des informations métier à inclure dans la définition des éléments de données les plus importants. *(8 heures par semaine par unité opérationnelle)*
2.1 Pour chaque rapport : Identifiez les résultats.						
2.2 Identifiez les éléments de données utilisés.						
2.3 Faire correspondre à la définition dans le dictionnaire de données.						
2.4 Valider la définition ou l'écart (en en ajoutant un nouveau...).						
2.5 Terminer les définitions des éléments de données du rapport.						
2.6 Présentez les définitions pour approbation, puis ajoutez-les au dictionnaire de données.						

GOUVERNANCE DE DONNÉES RÉACTIVE

De nombreuses organisations commencent leurs programmes de gouvernance des données en abordant des problèmes de données connus. Ils permettent aux membres de l'organisation de consigner et de communiquer les problèmes qu'ils rencontrent avec les données qu'ils définissent, produisent et utilisent.

Ces organisations normalisent souvent les processus qu'elles suivent pour résoudre leurs problèmes de données et pour appliquer la gouvernance à ces processus réactifs.

L'exemple ci-dessous montre comment une organisation a défini les étapes du processus pour résoudre les problèmes de données et pour établir des références croisées avec les étapes auxquelles quelqu'un devrait participer en utilisant des concepts empruntés à la matrice de responsabilité communément appelée RACI. De cette façon, l'organisation a identifié le rôle responsable et celui qui doit approuver, qui doit être consulté et qui doit être informé au cours des étapes du processus.

Comme mentionné précédemment, j'ai vu des organisations ajouter la lettre « S » à RACI pour le changer en RASCI. L'ajout du « S » montre qui doit soutenir le processus de gouvernance des données.

ÉTUDE DE CAS : UNE INSTITUTION FINANCIÈRE PUBLIE LA MATRICE DES ACTIVITÉS SUR L'INTRANET

Une grande institution financière a porté l'utilisation de la matrice d'activités à un niveau supérieur en l'incorporant à la page principale de son intranet avec son programme de gouvernance des données. Après avoir accédé au site principal, les visiteurs ont été interrogés sur leur niveau de compétence et de compréhension des sujets liés à la gouvernance de leurs données.

Cette institution a utilisé des matrices d'activités de gouvernance comme principale méthode pour combler les lacunes dans les connaissances de l'organisation. L'institution a fourni des liens vers les descriptions des rôles, vers les processus gouvernés et vers des descriptions approfondies de la manière dont chaque rôle devait interagir avec les autres associés au processus gouverné.

Cette organisation a utilisé les outils pour impliquer les personnes au bon moment dans les processus et a trouvé que la matrice était utile pour communiquer les points clés de la gouvernance des données.

Processus de résolution des problèmes de données - Matrice des activités de gouvernance

Problèmes de données : changements réglementaires, améliorations des processus de données, corrections de problèmes de qualité des données, ...

		Conseil de GD (stratégique)	Équipe GD (soutien)	Intendant de domaine (tactique)	Intendant de données (opérationnel)	Technologie informatique (soutien)
Identification et documentation	Déclenchement d'un événement de GD, équipe GD informée et engagée	I / A	I / R	R	R	S / R
	Identifier les parties prenantes impactées par l'événement à partir de la matrice des données communes	I	R	R	I	S
	Consolider les modèles de données et autres documents pour décrire les solutions possibles	*	R	R	I	S
Ratification	Impliquer les parties prenantes, tenir compte des perspectives, identifier les options et choisir la solution	A / I	R	C	C	S
	Informer les parties prenantes de la solution choisie	I	R	I	I	S
Mise en œuvre et contrôle	Mettre en œuvre et valider la solution	*	R	C / R	C	S / R
	Documenter et diffuser la solution	I	R	C	I	S / R
	Mesurer la conformité et les résultats de la solution	I / A	R	C	I	S

R - Responsable d'exécuter l'activité.
A - Approuve que le travail a été fait.
S - Soutien l'équipe qui fait le travail.
C - Consulter sur les exigences du travail.
I - Informer du résultat du travail.

Encore une fois, il existe de nombreuses façons d'utiliser l'outil de matrice d'activité et son utilisation devient la responsabilité des personnes qui guident le programme de gouvernance des données et qui s'assurent que la gouvernance des données est appliquée de manière cohérente dans tous les processus de l'organisation.

Voici d'autres exemples de processus pour lesquels vous pouvez appliquer la matrice des activités de gouvernance :

- Résoudre ou rechercher les problèmes de qualité des données,

- Identifier et surveiller les besoins en matière de risques et de conformité,

- Contrôler le cycle de vie de la qualité des données,

- Valider et obtenir l'approbation des mesures de gouvernance des données,

- Créer des modèles de vocabulaire d'information et un glossaire, et

- Identifier les besoins en informations opérationnelles.

En fait, tout processus pour lequel il est important d'impliquer les bonnes personnes au bon moment.

Éléments essentiels

- Une matrice des activités de gouvernance des données consiste en un tableau à deux dimensions qui recoupe les données d'une organisation avec les activités de gouvernance des données de chacun des rôles et responsabilités.

- Cette matrice permet à une organisation de voir rapidement où l'impact des changements apportés aux activités de données se reflétera dans l'ensemble de l'organisation.

- La matrice des activités de gouvernance des données devrait inclure les unités opérationnelles et les responsabilités spécifiques à travers les unités opérationnelles en haut de la matrice, et les activités de données, telles que les tâches de migration des données, les tâches de qualité des données, et les tâches de données maîtres, déjà incluses dans les activités de projet le long du côté gauche de la matrice.

Chapitre 13
Outils de gouvernance des données –
Matrice des communications

De nombreux programmes de gouvernance des données se concentrent sur les communications. Mieux encore, ils se concentrent sur l'amélioration de celles-ci autour de la gestion des données et des informations en tant qu'actif précieux de l'entreprise. En fait, de nombreuses organisations intègrent des spécialistes de la communication dans les équipes qui sont chargées de définir, développer et déployer leurs programmes de gouvernance des données.

Dans cette veine, le dernier outil lié à la gouvernance des données est la matrice des communications. Comme les deux autres matrices examinées aux chapitres 11 et 12, il s'agit d'une matrice à deux dimensions. Ici, vous croisez ce que vous voulez communiquer avec qui vous voulez le communiquer.

Par exemple, vous pouvez vouloir communiquer la charte et les principes, les activités de votre programme de gouvernance des données selon les rôles, les métadonnées et les documents disponibles, les mesures de performance et les types d'événements qui alerteront ou déclencheront des actions de gouvernance des données.

Avant de présenter la matrice des communications, il convient d'expliquer l'approche non intrusive envisagée pour les communications relatives à la gouvernance des données. Cette vision consiste à séparer les communications qui utilisent l'outil en trois niveaux distincts : communications d'orientation, communications d'intégration et communications continues.

COMMUNICATIONS D'ORIENTATION

Le premier niveau de communication sur la gouvernance des données est l'orientation. Ce niveau a généralement lieu lorsqu'un individu ou un groupe rejoint l'organisation ou est promu à un nouveau poste au sein de l'organisation. De nombreuses organisations fournissent déjà un niveau de communication d'orientation comprenant des informations en classe, ou enregistrées, sur la mission de l'organisation, la vision de la direction générale, la sécurité des installations, les ressources humaines — en fait, tout ce qu'un nouvel employé doit savoir pour fonctionner efficacement au sein de l'organisation.

Souvent, les séances d'orientation comprennent des informations sur la sécurité des données, la confidentialité, la conformité, l'interaction avec les médias sociaux et d'autres politiques qui sont devenues des piliers de l'ère numérique. Ces informations visent également à apprendre aux nouveaux employés à respecter les règles et à faire en sorte que l'organisation, sa fiabilité et sa réputation soient aussi irréprochables que possible.

Étant donné l'importance de la gouvernance des données, il est peut-être temps d'inclure le volet gouvernance des données dans ces sessions d'orientation. La gouvernance des données ne nécessite pas une section distincte dans ces sessions. Mais là encore, cela aurait peut-être du sens dans votre organisation, si celle-ci reconnaît la philosophie des données en tant qu'actif.

Il est plus probable que la gouvernance des données puisse être incluse en marge d'une formation existante. Le volet sur la gouvernance des données serait une extension logique à celles associées à la gestion des risques.

Les informations sur la gouvernance des données peuvent également être liées à la mission et à la vision de l'organisation. De nombreuses organisations mentionnent la gestion et l'utilisation des données et des informations dans leur vision de l'ère numérique.

N'est-ce pas un peu trop demander à une organisation que d'expliquer comment la gouvernance des données est liée à sa mission et à sa vision? On peut toujours garder espoir, n'est-ce pas?

Une simple liste de trois éléments à inclure dans l'orientation liée à la gouvernance des données couvrirait :

- Le fait qu'une partie de l'organisation se concentre sur la gouvernance de ses données. Cela nécessite une explication de ce qu'est la « gouvernance », mais l'explication peut être courte.

- La fonction de la gouvernance des données dans l'organisation, et

- Pourquoi, comment et quand contacter quelqu'un dans le domaine de la gouvernance. L'utilisation d'une adresse de courriel dédiée pour cela fonctionne bien.

Je suis certain que nous pouvons partager d'autres informations sur la gouvernance des données lors de l'orientation des nouveaux employés. Parfois, il suffit d'un esprit créatif pour trouver des moyens de faire prendre conscience aux membres de l'organisation de leur rôle dans la gouvernance des données.

Un client récent envisage de faire de chacun un intendant adjoint des données, même si tous les employés ne participent pas directement aux activités du programme. Cette organisation donnera à chacun un badge à accrocher au-dessus de son bureau, s'il le souhaite, qui lui permettra d'avoir un impact sur la qualité et l'utilisation des données au sein de l'organisation. Une sacrée bonne idée si les gens jouent le jeu! C'est vraiment accrocheur.

COMMUNICATIONS D'INTÉGRATION

Le deuxième niveau de communication sur la gouvernance des données est l'intégration. De nombreuses organisations utilisent ce terme pour décrire l'activité consistant à amener une personne à participer au programme de gouvernance des données. En d'autres termes, l'intégration décrit ce qu'il faut faire pour que les gens montent à bord du navire de la gouvernance des données, si vous voyez les choses ainsi.

Ce niveau de communication est évidemment important. C'est pourquoi il est essentiel que ce matériel de communication soit bien conçu et directement associé à la participation spécifique d'une personne aux activités de gouvernance des données de votre organisation.

Le matériel d'intégration peut comprendre les éléments suivants :

- Charte de gouvernance des données, directives, politique, ou ce qui convient à votre organisation;

- Les meilleures pratiques de gouvernance des données et une évaluation de l'état actuel par rapport à l'état souhaité;

- Rôles et responsabilités associés au programme;

- Les activités spécifiques associées à la fonction ou rôle d'une personne;

- Exemples de processus dans lesquels la gouvernance des données est appliquée;

- Les outils et artefacts, par exemple les nouvelles informations, qui résultent du programme de gouvernance des données; et

- Comment utiliser les outils et les artefacts pour les aider dans leur travail.

Certaines organisations sont allées jusqu'à certifier leurs employés en tant qu'intendants des données. Je pense que cela a beaucoup de sens car les parallèles entre intégration et certification sont nombreux.

Je ne pense pas qu'il soit approprié pour des sources extérieures de certifier des intendants de données dans un forum public ou industriel. À mon avis, le processus d'intégration doit être spécifique aux activités du programme de gouvernance des données au sein de chaque organisation.

Je suis certain que vous pouvez inclure d'autres éléments dans le processus d'intégration. Fondamentalement, considérez l'intégration comme un processus visant à fournir aux individus et aux groupes le kit d'outils dont ils ont besoin pour accomplir leur travail. L'analogie avec la boîte à outils est parfaite ici, car elle décrit ce que vous fournissez et comment cela leur sera utile.

COMMUNICATIONS CONTINUES

Cela nous amène au troisième niveau de communication sur la gouvernance des données : la communication continue. Les communications continues comprennent tout type de communication qui se produit ou se répète tout au long de la vie utile du programme de gouvernance des données.

Il ne suffit pas d'orienter et d'embarquer les gens dans le programme pour être efficace. La communication continue est souvent au cœur d'un programme qui fait ses preuves sur une longue période. La communication continue permet de maintenir la gouvernance des données présente dans la conscience de chacun dans le cadre de ses activités quotidiennes.

Voici quelques exemples de communications continues :

- Alertes et événements déclenchés qui nécessitent une gouvernance des données;

- Introduction et modifications de la disponibilité des outils et artefacts de la gouvernance des données;

- Des rafraîchissements dans les documents d'orientation et d'accueil;

- Mesures de performance de l'efficacité du programme de gouvernance des données;

- Procès-verbaux et notes des réunions régulières du conseil de gouvernance des données;

- Les changements et les questions de réglementation et de conformité; et

- Modifications et mises à jour des règles métier associées aux activités quotidiennes de l'entreprise.

Encore une fois, je suis certain que d'autres types de communication sur la gouvernance des données doivent avoir lieu de manière continue. Il ne s'agit que d'une liste de départ.

UTILISER LA MATRICE DE COMMUNICATION

Si vous regardez en haut de la matrice, vous verrez que nous avons étiqueté les différents rôles associés au modèle opérationnel des rôles et responsabilités exposé au chapitre 6. Les couleurs entre le modèle opérationnel et la matrice de communication sont coordonnées afin qu'une organisation puisse voir la relation entre le rôle dans le modèle et les types de communication requis.

A ce stade, la question devient : « Que contient chacun de ces blocs? » La réponse est une information qui aide à sensibiliser aux communications, à croiser les contenus et à identifier formellement les rôles de communication. Dans chacun de ces blocs, vous devez identifier le public visé, le contenu que vous allez lui fournir, le message clé que vous voulez lui communiquer et le média (réunion, site Web, bulletin d'information, courriel, etc.) que vous utiliserez pour lui transmettre l'information, ainsi que le moment opportun pour le faire.

Matrice des communications

Type de communication ↓	Groupe 1		Groupe 2	Groupe 3	Groupe 4	
	Exécutifs Comité de direction (exécutif)	Conseil de GD (stratégique)	Intendants des domaines (tactique)	Intendants des données (opérationnel)	Technologie informatique (soutien)	Partenaires de la GD (soutien)
Communication d'orientation						
Existence du programme et sensibilisation						
Communication d'intégration						
Chartre et principes						
Activités selon les rôles						
Documentation sur la gouvernance						
Communication continue						
Mesures de performance						
Alertes et déclencheurs						
Conseil, compte-rendus et messages communs						

La façon dont vous communiquez avec ce groupe diffère de la façon dont vous communiquez avec les responsables des données opérationnelles, de l'informatique et de tous les autres membres de l'organisation. Tout ce que nous faisons ici est de déterminer avec qui il faut communiquer, et comment vous allez communiquer avec eux. Tout cela peut être visualisé dans cette matrice de communication sur la gouvernance des données :

- **Auditoire.** Identifiez clairement votre public. Qui a besoin d'entendre? Qui sera touché? La communication est-elle destinée à une unité organisationnelle interne ou externe (district, département, division, section, programme, projet), à un rôle (gestionnaires, chefs de projet, intendants), à une responsabilité (tout au long du cycle de vie de la gestion des données, comme la collecte des données) ou à un individu (lorsque le soutien de cette personne est particulièrement crucial)?

- **Message et action souhaitée.** Articulez ce que vous voulez que l'auditoire apprenne et l'action à entreprendre. Tenez compte de ce qui intéresse votre auditoire, par exemple ce qui change, comment il est touché, et ce qu'il peut en retirer s'il vous soutient.

- **Temps et média de communication.** De combien de temps disposez-vous et quelle est votre méthode de communication? S'agit-il d'un discours d'ascenseur de 30 secondes? Un rapport de situation de 3 minutes lors d'une réunion d'équipe? Un appel téléphonique de 30 minutes? Une session de formation de 3 heures ? Une réunion en face à face? Un article sur un site Web? Ou un tableau de bord avec des mesures?

- **Rôle dans le cadre de la gouvernance des données.** Quel est le rôle de l'auditoire dans le cadre de la gouvernance des données : exécutif, stratégique, tactique, opérationnel ou de soutien?

Éléments essentiels

- Il existe trois types de communication : la communication d'orientation, la communication d'intégration et la communication continue.

- Une fois le plan de communication élaboré, le plaisir de créer tout le matériel à communiquer et la communication proprement dite de ce matériel commencent.

- Par-dessus tout, il est essentiel que les organisations reconnaissent que quelqu'un doit assumer la responsabilité du suivi du plan de communication.

Le temps est venu pour moi de mettre la touche finale à ce livre sur la gouvernance non intrusive des données. Comme je l'ai mentionné au début, ce livre a été long à voir le jour. Le problème n'était pas que je n'avais pas le matériel à ma disposition. Le problème était de coucher les mots sur le papier afin que le contenu et le flux du livre soient bénéfiques à tous ses lecteurs.

Lorsque j'ai formulé l'expression « gouvernance non intrusive des données » il y a près de dix ans, c'était une expression qui décrivait la première approche que j'ai adoptée pour mettre en œuvre l'intendance des données dans un grand plan pour Blue Cross Blue Shield à Pittsburgh au début des années 90. J'étais loin de me douter qu'elle deviendrait la passion de ma propre société de conseil, la raison d'être de ce livre et la façon dont je pourrais aider les organisations qui mettent en œuvre la gouvernance des données et leurs clients, membres, étudiants, participants et partenaires, quel que soit le secteur d'activité de l'organisation.

En tant qu'administrateur de données pour les Blues au début des années 90, je pensais que j'étais en avance sur les autres. Pour apprendre ce que signifiait être un administrateur de données, je me suis abonné à plusieurs magazines technologiques. Je suis tombé sur un article de Larry English intitulé « *Accountability to the Rescue* ». L'article affirmait que nous pouvions tout améliorer en matière de données – la qualité, la protection, la conformité, l'interopérabilité et la valeur. Il s'agissait en fait de venir à la rescousse de la gestion des données, en appliquant la redevabilité à la gestion des données en tant qu'actif. Et oui, les gens du métier utilisaient déjà à l'époque l'expression « données en tant qu'actif ».

Plusieurs fois, j'ai essayé de retrouver cet article sur Internet, mais en vain. J'ai perdu le contact avec Larry au fil des ans, mais avant que nous nous perdions de vue, je me suis assuré de le remercier d'avoir écrit cet article et de lui faire savoir qu'il m'avait aidé à donner une nouvelle orientation à ma carrière. Larry et moi avons eu plusieurs discussions sur la gouvernance non intrusive des données au fil des ans. Je dois beaucoup à Larry. Nous lui devons tous beaucoup.

Larry a utilisé le terme « intendant de l'information » pour décrire les personnes qui étaient redevables des données. L'approche de la gouvernance non intrusive des données vise à aider tous ceux qui définissent, produisent et utilisent les données dans une organisation. En gros, tout le monde, y compris les intendants des données opérationnelles, doit être tenu formellement responsable de la manière dont il définit, produit et utilise les données.

Le mot clé ici est « redevabilité ». Depuis mes débuts dans la gestion des données, je suis convaincu que tout le monde est un intendant des données. J'ai déjà dit que les gestionnaires seront les premiers à vous dire que tout le monde doit être tenu responsable. Ils se demanderont pourquoi, à l'heure actuelle, les gens ne sont pas tenus formellement responsables, et ils iront jusqu'à dire que nous devons faire tout ce qui est en notre pouvoir pour responsabiliser nos collaborateurs. Pour moi, c'est une question de bon sens.

On me pose souvent la question suivante: « Comment faire en sorte que tout le monde soit redevable? ». Et ma réponse passe par l'approche de la gouvernance non intrusive des données. Les gens sont déjà redevables de manière informelle. Formalisons cette redevabilité plutôt que de la leur confier comme quelque chose d'entièrement nouveau.

J'utiliserai ce dernier chapitre pour vous rappeler certains des aspects les plus importants de l'approche de la gouvernance non intrusive des données et je conclurai le livre avec la « *Bonne route* » de la gouvernance des données.

RÉSUMÉ DE L'APPROCHE DE LA GOUVERNANCE NON INTRUSIVE DES DONNÉES

La gouvernance non intrusive des données est présentée comme quelque chose qui se déroule déjà dans votre organisation de manière informelle, inefficace et souvent inefficiente. L'approche de la gouvernance non intrusive des données se concentre sur la formalisation des niveaux de redevabilité existants et sur la correction des lacunes dans la redevabilité formelle, et elle ne coûte généralement que le temps consacré à cet effort. Dans d'autres approches, la gouvernance des données est présentée comme coûteuse, complexe, longue et incompatible avec la culture professionnelle existante d'une organisation. N'oubliez pas :

- **L'approche non intrusive est moins intimidante et moins menaçante.** L'approche de la gouvernance non intrusive des données est conçue pour s'adapter à la culture d'une organisation et pour tirer parti des niveaux de gouvernance existants. Il ne s'agit pas d'un empiètement. Dans d'autres approches, la gouvernance des données est considérée comme une discipline qui impose une rigueur et une bureaucratie inutiles aux processus métier, ce qui ralentit les cycles de livraison et rend les données plus difficiles à consulter et à utiliser.

- **En restant non intrusif avec l'approche, les gens voient que la gouvernance ajoute de la valeur plutôt que d'entraver le progrès.** Les attentes concernant l'approche de gouvernance non intrusive des données sont définies en aidant les secteurs d'activité à reconnaître ce qu'ils ne peuvent pas faire parce que les données de l'organisation ne soutiennent pas leurs activités. Avec d'autres approches, les attentes en matière de gouvernance des données sont fixées par l'équipe de personnes responsables de la conception et de la mise en œuvre du programme de gouvernance des données.

- **Le fait d'associer la gouvernance des données à la résolution des problèmes de l'entreprise permet de décrire la gouvernance des données comme quelque chose dont l'entreprise a besoin plutôt que comme quelque chose que les « gens des données » veulent mettre en place.** Avec la gouvernance non intrusive des données, les individus sont identifiés et reconnus comme ayant des rôles associés à leur relation existante avec les données – en tant que définisseurs, producteurs, utilisateurs, experts en la matière et décideurs. Avec d'autres approches, les individus se voient attribuer de nouveaux rôles dans le cadre de leur participation à un programme de gouvernance des données.

- **Reconnaître les personnes pour leurs relations avec les données et les aider à comprendre que la façon dont elles gèrent les données a un impact sur les personnes et les activités dans toute l'entreprise.** Dans le cadre d'une gouvernance non intrusive des données, l'intitulé de poste des individus ne change pas, et il est admis que la grande majorité de leurs responsabilités ne changeront pas. Avec d'autres approches, les individus se voient attribuer le titre « d'intendant des données » et leurs responsabilités professionnelles sont adaptées en conséquence.

- **Les membres de votre organisation ont des emplois réguliers.** À moins que vous ne changiez leurs « emplois réguliers » (ce qui est très difficile à faire), les gens devront assumer leurs responsabilités d'intendant pour que la gouvernance des données réussisse. Dans l'approche de gouvernance non intrusive des données, plus d'un intendant des données – une personne officiellement redevable – est associé à chaque type de données. Cela s'explique par le fait que l'organisation reconnaît que plusieurs personnes partagent cette relation avec les données, c'est-à-dire plusieurs utilisateurs de données spécifiques. Dans d'autres approches, des personnes sont désignées comme intendant des données pour des domaines particuliers de données.

- **Tout le monde est intendant des données en fonction de sa relation avec les données.** Les organisations appliquent les principes de gouvernance non intrusive des données aux flux et processus de travail existants en formalisant la discipline, la redevabilité et l'implication autour de ces processus. Avec d'autres approches, les organisations font référence aux processus en tant que « processus de gouvernance des données ». En agissant ainsi, elles donnent l'impression que les processus existent à cause du programme de gouvernance des données.

- **La gouvernance des données consiste à exercer une autorité sur la gestion des données et des actifs liés aux données.** Cette autorité passe par l'application de la gouvernance aux processus et aux flux de travail existants. En d'autres termes, il s'agit d'impliquer les « bonnes » personnes dans le « bon » processus... Lisez la section suivante pour connaître la « bonne » route de la gouvernance des données. La vérité est qu'un programme de gouvernance non intrusive des données peut être géré par une unité opérationnelle ou une unité de technologie de l'information (TI), car les secteurs d'activité et les TI possèdent des connaissances spécifiques et une redevabilité formelle concernant la gouvernance des données en tant travail d'entreprise valorisé.

LA BONNE ROUTE DE LA GOUVERNANCE DE DONNÉES[14]

On utilise l'expression8 « faire une bonne route » pour souhaiter bon voyage à quelqu'un. Il y a aussi l'expression « être sur la bonne route » qui signifie que l'on est sur la bonne voie pour arriver à ses fins. Ces expressions, que l'on retrouve entre autres sur le site www.expressio.fr, peuvent aussi s'appliquer à la mise en œuvre d'un programme de gouvernance de données.

Dans notre contexte, faire bonne route nous amène à une gouvernance non intrusive des données qui est efficace (répond aux objectifs) et efficiente (avec des moyens raisonnables). Ainsi, je propose de conclure ce livre en énumérant les « bonnes » choses à faire pour réussir ce voyage.

La « **bonne** » route de la gouvernance des données

- Faire appel aux **bonnes** personnes,
- Impliquées au **bon** moment,
- De la **bonne** manière,
- En utilisant les **bonnes** données,
- Pour prendre la **bonne** décision, et ainsi
- Mener à la **bonne** solution.

---

[14] NdT : Dans la version originale, l'auteur propose « *Data Bill of **Rights*** » qui comporte les énoncés « *Getting the **Right** People, Involved at the **Right** Time, In the **Right** Way, Using the **Right** Data, To make the **Right** Decision, and Leading to the **Right** solution.* » Le jeu de mots sur *"Right"* n'est pas possible en français. L'auteur m'a autorisé à utiliser une analogie différente qui respecte cependant ces énoncés.

Ma définition de la gouvernance des données est la suivante : **L'exécution et l'application formelles de l'autorité sur la gestion des données et des actifs liés aux données.**

Et ma définition de l'intendance des données est la suivante : **La formalisation de la redevabilité sur la gestion des données et des actifs liés aux données.**

C'est l'application de l'autorité par la formalisation de la redevabilité qui décrit le mieux un programme de gouvernance non intrusive des données. Prises ensemble, l'application et la formalisation nécessitent :

- Faire appel aux **bonnes** personnes,

- Impliquées au **bon** moment,

- De la **bonne** manière,

- En utilisant les **bonnes** données,

- Pour prendre la **bonne** décision, et ainsi

- Mener à la **bonne** solution.

Passons ces points en revue un par un.

FAIRE APPEL AUX BONNES PERSONNES

C'est peut-être la chose la plus facile à faire. Ces personnes définissent, produisent et utilisent vos données. Vous inventoriez les données — pas nécessairement toutes vos données — et vous les croisez avec ces individus ou parties de l'organisation qui définissent, produisent et utilisent les données.

Cela peut sembler une tâche monstrueuse, mais la vérité est que cela peut, et doit, être fait progressivement. Vous pouvez le faire en utilisant simplement les informations sur les personnes qui ont été impliquées dans les initiatives récentes et actuelles axées sur les données. Le meilleur outil pour réaliser cet inventaire est la matrice des données communes présentée au chapitre 11.

IMPLIQUÉES AU BON MOMENT

Pour aborder cette étape, il suffit d'utiliser la matrice des activités de gouvernance des données, également présentée au chapitre 12. Une mise en garde s'impose : Le fait de créer une matrice d'activité de gouvernance des données pour un processus ou une procédure spécifique ne transforme pas ce processus ou cette procédure en quelque chose appelé processus de gouvernance des données. Si vous appelez quelque chose un processus de gouvernance des données, vous définissez la gouvernance des données comme le méchant et comme une charge supplémentaire pour les individus, ce qui ralentit les choses. Le fait est que tous les processus peuvent être gouvernés, que la gouvernance des données soit impliquée ou non.

DE LA BONNE MANIÈRE

C'est peut-être l'étape la plus difficile à faire correctement. Il s'agit de s'assurer que les étapes situées à gauche de la matrice d'activité de gouvernance des données sont les bonnes ou, du moins, les plus appropriées.

C'est là que la gouvernance des données prend tout son sens, ou devient difficile, selon votre point de vue. Remplir une matrice d'activité de gouvernance des données pour votre méthodologie de développement de logiciel peut être simple car les étapes du processus existent déjà et peuvent être exploitées.

Remplir une matrice d'activité de gouvernance des données pour s'assurer que les règles de réglementation et de conformité sont saisies, communiquées et suivies peut être complexe.

Cette étape est la plus importante de la « bonne route ». Les méthodologies, les processus et les meilleures pratiques existent très probablement quelque part dans votre organisation. Si vous associez simplement les étapes de l'activité correctement gérées avec les bonnes personnes, vous prenez des mesures pour formaliser la redevabilité et pour devenir plus efficace dans vos processus et très probablement dans la gouvernance des données.

EN UTILISANT LES BONNES DONNÉES

Cette étape peut également être délicate. De nombreuses organisations n'ont aucune définition de ce que sont les bonnes données. Il est donc d'autant plus difficile de corriger les mauvaises données ou d'obtenir les bonnes réponses.

Par exemple, disons que votre entrepôt de données d'entreprise fonctionne parfaitement et que vous avez mis en place une solution de données maîtres; vous savez où se trouvent vos bonnes sources pour vos données et vous pouvez diriger les gens vers celles-ci. Si cela est vrai, votre situation est plutôt bonne.

Si vous avez régi les activités de votre processus formalisé (voir l'étape précédente), vous pouvez appliquer l'identification des bonnes données dans le cadre de vos processus. Cela a-t-il un sens? Je vous recommande de faire de l'accès aux bonnes données une partie importante des processus et procédures que vous régissez.

POUR PRENDRE LA BONNE DÉCISION

Souvent, la bonne décision repose sur les bonnes données, mais pas toujours. Pour prendre la bonne décision, il faut souvent que la bonne personne prenne cette décision avec les bonnes données.

En fin de compte, les bonnes données conduisent à la bonne décision. Mais souvent, rien ne garantit qu'une décision est correcte tant que le temps n'a pas passé et que les activités commerciales n'ont pas validé la décision.

Au risque de paraître évident, permettez-moi de dire que pour que la bonne décision fonctionne bien, la solution qui suit cette décision doit également être bonne. Pour ce faire, il est possible d'utiliser une matrice d'activité de gouvernance des données afin de cartographier les étapes utilisées pour donner suite à la bonne décision.

ET AINSI MENER À LA BONNE SOLUTION

Nous arrivons maintenant à la fin de la bonne route de la gouvernance des données et de ce livre. L'objectif de votre programme de gouvernance des données est de parvenir à la bonne solution. Je ne peux pas imaginer une façon plus simple de décrire ce que votre programme de gouvernance des données devrait faire.

Si vous vous adressez à vos cadres supérieurs et que vous leur dites que vous avez un moyen simple d'impliquer les bonnes personnes au bon moment et de la bonne manière, en utilisant les bonnes données pour prendre les bonnes décisions et trouver les bonnes solutions, ils vous demanderont très probablement comment. C'est à ce moment-là que vous devez recourir aux outils mentionnés aux chapitres 11, 12 et 13.

J'espère que ce livre vous a été utile. N'hésitez pas à me contacter pour discuter de la manière dont l'approche de la gouvernance non intrusive des données peut vous être utile, à vous et à votre organisation : rseiner@kikconsulting.com.

Bonne chance à vous et à votre équipe. Et n'oubliez pas :

Commencez et restez non intrusif.

Index

Les numéros de page en gras réfèrent à la définition du terme